とっさのしぐさで本音を見抜く

トルステン・ハーフェナー
Thorsten Havener

柴田さとみ［訳］

サンマーク出版

はじめに

僕が「ボディー・リーダー」になった瞬間

僕がなぜ、「しぐさ」から人の心を読めるようになったのか。

そのきっかけとなる出来事は、一九八六年十二月、ホイスヴァイラー（ドイツ、ザールラント州）で起きた。当時十四歳だった僕は、教会で三十人ほどのご老人の前に立っていた。

その日は、クリスマスの催しが開かれていた。子どもバレエ団の「くるみ割り人形」の上演が終わり、僕の番がやってきた。僕以外の全員が見ている前で、牧師さんが部屋のどこかに隠した「赤いボール」を、ご老人の一人に協力してもらって見つけ出すのだ。

大切なのは、協力者の選び方だ。ここで間違えば、ゲームは失敗に終わる。

あちらの列のおじいさんがいいか、それとも向こうのおばあさんか？　出し物の目玉である子どもバレエが終わり何人かの老人が帰ってしまった今、僕に残された選択肢はそう多くなかった。僕は前から二列目の優しそうなおじいさんを選んだ。

協力してくれるこのご老人には、ゲームじゅうずっと僕の隣に立ち、**進むべき方向を頭の中で強くイメージしてもらう**。ただ、それだけ。僕は彼の「無意識のしぐさ」を読み取ることで、自分だけが知らない隠し場所を見つけ出すのだ。

僕はまず、右に向かって歩き出し、ご老人の反応を見ることにした。すると、こめかみがドクドクと脈打ってくるのを感じる。緊張感が伝わってくる。よし、なら左ではどうだ？　すると、ご老人がふっと緊張を解いた。なるほど、正しい方向はこっちらしい。

さらに進んでいくと、僕はある場所で急に「ここで止まらなくては」という気分になった。ご老人に目をやると、**彼は岩のようにどっしりとその場に立っている。今まで見られなかった姿勢だ。これまでは足のつま先が必ず進むべき方向に向いていたのに、今はまるで「ここから動きたくない」とでもいうようだ**。そこで、僕も立ち止まることにした。

そこは植木鉢の真ん前だった。僕は植木鉢に目をやり、それから観客のほうを見る。**ふと、隣のご老人がかすかにうなずいた**。自分でも無意識であろう、ほとんど気づかないほどの小さな動きだ。

よし、ここだ！　僕は植木鉢をのぞき込んだ。そこにはたしかに、牧師さんが数分前に隠した「赤いボール」が転がっていた——。

その日の観客はたったの三十人だったけれど、あのときの大きな拍手は、今でも僕の記憶の中でミュンヘン・オリンピックスタジアムのコンサートの大歓声のように響いている。

よく、「あなたの人生のターニングポイントはどこでしたか？」と聞かれる。僕が「人を楽しませたい、言葉以上に本音を表す身体言語（しぐさ）と関わる仕事がしたい」と思った瞬間はいつか。それを考えたとき、この日の体験は確実にその瞬間の一つだ。あのご老人たちとゲームをしなければ、僕は別の道を歩んでいたかもしれない。

それに、もしあのとき協力者選びを誤っていたら――シグナルが読み取りにくい人や、ポーカーフェイスのうまい人を選んでしまっていたら、僕はきっと今ごろ、翻訳者か通訳者として働いていたことだろう。だが、そうはならなかった。**僕はしぐさから心を読み解く「ボディー・リーダー」になったのだ。**

「誰がボスか」を一瞬で見分ける技術

あの日のご老人たちとのゲーム以来、僕はもっと舞台に立ちたいと思うようになった。そこで、まずは居酒屋で、そして街のイベントで、結婚式や誕生会で、マジックを披露することにした。そのうち、会社のパーティーや豪華なフェスティバルにも呼ばれるようになった。

二〇一三年には、ドイツのテレビ番組で、僕はヘリコプターに乗ったまま、「しぐさ」だけを手がかりに、上空からベルリンにたった一人隠れていたターゲットを見つけ出すことに成功した。ウィーンでは鍵を、ヨーロッパ各地の劇場ではいくつものピンを探し当ててきた。

場所がどこだろうと、大切にしていることが一つある。マジックを成功させるには、観客の中から**「適切な人を協力者に選ぶ」**ということだ。

では、それぞれのマジックに適した協力者をいったいどうやって見分けるのか？ カードや指輪やお札やレモンのマジックを心から見たいと思っている人を、赤いボールが部屋のどこにあるかを無意識のうちに教えてくれる人を、大勢の中からどうすれば選び出せるのか？

簡単なことだ。**観客の、しぐさの変化を読み解けばいい。**


たとえば、こんな状況を想像してほしい。高級ホテルでのディナータイム、何百人ものお客が大きな丸テーブルに十人ずつに分かれて座っている。僕はそのうちの一つのテーブルに歩み寄り、自分はマジシャンだと自己紹介して、「驚きのマジックを披露したいのですが、いかがでしょう？」と尋ねる。

さあ、ここからの数秒が、その後の成否を分ける勝負の瞬間だ。この数秒で、僕はテーブルの人々にすばやく目を走らせ、「最初に身体言語が変化した人は誰か」をチェックする。経験上、女性であることがほとんどだ。そこで、まずは女性を見る。このテーブルで身体言語に変化がある女性は……いた！

一人の女性が小さくうなずき、上半身を後ろにそらして脚を組んだのだ。

拒絶のサインではないだろう。むしろ、その逆か。このように、観察し、身体言語が変化した人を見つけ、その意味を大まかに推測したところで、次のステップに入る。この女性が見せた「上半身を後ろにそらして脚を組む」という身体言語を、テーブルの**ほかの人たちが真似ているか、似たような座り方になっているかをチェックするのだ。**

もし多くの人が彼女と同じ姿勢になっていたら、**今このグループのリーダーは彼女だということだ。人間には、強い者のしぐさを真似る習慣がある。**つまり僕は、この彼女を満足させればいい。

誤解しないでほしいのだが、もちろん全員を満足させなければならない。それは当然のことだ。ここでいっているのは、そのための最初の「はずみ」をどう引き起こすかである。そこでポイントとなるのが、グループ内の力関係を正確に見抜くことなのだ。

この力関係は家庭にも見られる。

ある家族がそろって座っているとしよう。その様子をよく観察して、**「誰が最初に動くか」に注目する。そうすれば、その家のヒエラルキー（力関係）を読み取れるはずだ。**たとえば母親が腕を組んで、ほかの家族もそれにならったら、その家のリーダーは母親だとわかる。会社でも同じことがいえるだろう（ちなみに会社のパーティーでリーダー的地位にいるのは、ほぼ例外なく社長の奥様だ）。

こうしたシグナルや解釈を、僕は次第に自分のマジックに取り入れるようになっていった。それによってショーの構成も少しずつ形を変えていく。

ただ次々とマジックを見せるのではない。僕は観客に「しぐさ」の読み解き方について知ってもらうことに重点を移していった。ほかにも催眠のからくりを説明したり、大量の情報をすばやく確実に記憶する方法を紹介したり。これらの知識はどれもマジックの「周辺分野」として、専門家が頭の中に隠しているものだが、僕のショーでは違う。「知識」が主役で、「マジック」のほうがむしろ脇役なのだ。

こうして、「マジシャン」はいつしか「ボディー・リーダー」へと姿を変えていた。

「しぐさ」が読めれば、人間関係の悩みは消える！

言葉以上に、しぐさに代表される身体言語が重要になる場面は幅広い。**デートで、結婚生活で、職場で、子育てで、学校で、ホテルのカウンターで、エレベーターで、空港のセキュリティーチェックで――それに並ぶ窓口を間違えたときだってそうだ。身体言語の正しい扱い方を心得ていれば、人生はもっとスムーズにうまくいく。**

この本の目的は、まさにそこにある。**身体言語の活用法をマスターすれば、あなたは世界中のあらゆる場所で人々の本音と無意識のシグナルを読み解くことができるようになる。**それだけではない。あなた自身のことも、周囲からよりよく理解してもらえるようになるだろう。人生において、それがプラスにならない場面などないはずだ。

周りの人々と上手につきあうことは、これからの世の中で、ますます重要になっていく。**他人に共感し、意識的にコミュニケーションできれば、僕たちはよりスムーズに目的を達成し、より幸せな人生を送ることができる。**

そのための鍵となるのが、良好な人間関係だ。自分の考えをうまく伝えられず、周りの人のことも理解できない――そうした状況では、どんなに高度な専門知識があっても役には立たないだろう。

たとえば、**異性の本心を見抜くことができれば、あなたは大好きな人を高確率で射止めることができるようになるだろう。**恋人や結婚相手の本音がわからなければ、肝心なところですれ違い、心が離れてしまいかねない。

また、職場で同僚とわかり合えなければ、最悪の場合、いじめや人間関係のいざこざが起こってしまう。**相手が本当に望んでいることや隠された本音がわかれば、ビジネスの場では有利に物事を動かすことができるようになるだろう。**

人生を豊かなものにするために必要なのが、「しぐさ」から相手の心を読む技術――「ボディー・リーディング」だ。

本書を使えば、あなたも今日から「しぐさ」で人の心が読めるようになるのだ。

この本を使うか使わないか――それは、あなた次第だ。

とっさのしぐさで本音を見抜く

目次

はじめに

第1章 相手があなたをどう思っているか見抜く五つの方法

第2章

本音を見抜くワザ❶
一瞬の「変化」を見逃すな!

第3章 本音を見抜くワザ❷
相手とあなたの「距離」を見よ！

第4章 「しぐさ」で嘘を見抜く方法

第5章 相手があなたを好きか見分ける方法

第6章　気になる人に好きになってもらう「しぐさ」

恋の暗号❷

第7章

恋の暗号❸

愛が長続きする「しぐさ」のコツ

第9章 職場の人間関係も「しぐさ」でうまくいく

ブックデザイン　轡田昭彦＋坪井朋子
カバー写真　©Holger Scheibe/Corbis/amanaimages
翻訳協力　リベル
編集協力　乙部美帆
編集　武田伊智朗＋池田るり子

第1章

相手があなたをどう思っているか見抜く五つの方法

「目を〝何秒〟閉じたか」に注目せよ！

一つゲームをしてみよう。

このゲームには相手が一人必要だ。誰かに頼んで手伝ってもらおう。

このゲームでは、相手に三つのマークのうち一つを思い描いてもらう。その間、**あなたはたった一つの「しぐさ」をじっと観察するだけで、相手が何を思い浮かべたかを当てられる。**

相手の正面に座って、こう言おう。

「次の三つのシンボルのうち、一つを頭の中で描いてください。

・月☽
・キューピッドの矢が刺さったハート💘
・星☆

どれにするか決めましたか？　ああ、私には言わないでください。では、目を閉じて、実際に紙の上に絵を描くように、選んだマークを頭の中で描いてください。描き終わったら、目を開けて」

たったこれだけで、相手が目を開けたとき、あなたはかなりの確率で相手が何を思い描いたか言い当てることができる。

そのトリックは、シンプルながらじつに賢いものだ。**「相手がどれくらい長く目を閉じていたか」**だけに着目すればいい。

目を閉じていた時間が短ければ、相手が描いたのは「月」だろう。短くもないがそう長くもなければ「矢が刺さったハート」。そして、少し長めに目を閉じていたならば、相手はかなりの確率で「星」を描いたと考えられる。

コツは、自分も頭の中で矢が刺さったハートを描いてみて、どれくらい時間がかかるか確認することだ。これをもとに、ほかの二つを描く場合にかかる時間の誤差から正解を導き出すことができる。

たとえば、相手が目をつぶっている時間が、自分がハートを描く時間よりも長かったら、星を描いている可能性が高い。短ければ、おそらく月だろう。回数を重ねていけばうまく感覚がつかめるはずだ。

このゲームで正解する確率は三分の一である。もし正しく言い当てることができたら、相手は驚きを隠さないだろう。あなたはまさしく相手の「しぐさを読んだ」ことになる。

このゲームは、身体言語を読み取る「ボディー・リーディング」においてもっとも大事なことを教えてくれる。それは、**僕たちは口だけでなく、身体でも何かを語っているということだ。**たとえば家族や友人、さらには赤の他人でもいい。言葉がなくても顔さえ見れば、その人が今どんな気分なのかがわかることが多いだろう。

怒っているのか、退屈しているのか、悲しんでいるのか、それとも機嫌がいいのか——。僕たちはそれを、相手の身体が発する小さなメッセージから感じ取る。たとえば**遠くを見る目、下がった口角、右まぶたのひきつり、首に添えられた手、特徴的なあごの動き、唇のしわなどは「何か」を語っているはずだ。**

また、身体言語は、けっして身振りや姿勢や身体の動きだけを指すのではない。もっと幅広い。たとえば、服装、アクセサリー、髪型、触ったときの感触……すべてが「何か」を語っているのだ。

なぜ、あの人は目を合わせないのか?

人間のコミュニケーションについて誰よりも深く研究した人物といえば、オーストリアの心理学者ポール・ワツラウィックだろう。

彼は僕にとって英雄の一人だ。**「人はコミュニケーションしないでいることはできない」**という有名な言葉で知られる人物である。

僕たちは何をしていようと、絶えず周囲に何かを伝えている。たとえ一言もしゃべらなくても、それ自体が一つのメッセージとなる。

知り合いがたくさんいる部屋に入っていくとき、誰にも挨拶せず、目も合わせず、話しかけたり笑いかけたりもしなければ、それは「私は機嫌が悪いです」と言っているのと同じだ。それに、たとえ笑顔や目線を向けなくとも、そこには必ず何らかの身振りや表情が表れる。身振りや表情は、大事なことを強調し、あいまいなことを明確にしてくれるコミュニケーションの重要なツールだ。

ためしに、ジェスチャーを交えずに、駅までの道を説明してみてほしい。かなり難しいはずだ。腕や手が動かないよう相当に意識しなければならないだろう。

僕たちは、ほとんどのしぐさを無意識のうちに行っている。無意識のしぐさは当然、コントロールすることが難しい。身体言語が「言葉よりも本心に近い」といわれるのはそのためだ。**言葉で嘘《うそ》をつき通せても、身体にそれを出さないようにするのはかなり難しい。**

普段無意識に行っている身振りや表情を急に意識してやろうとすると、今までいかにそこに意識を向けていなかったかがわかる。そして一度意識してしまうと、身体言語はぎこちなくなり、他人の目には滑稽にさえ映ってしまうのだ！

たとえば、ある人が身体言語セミナーを受講したとしよう。そこでセミナーの講師が、「胸の前で腕を組むのは距離をとりたいという拒絶のサイン」だと言ったとする（あとで説明するが、これは完全にデタラメだ）。

するとこの受講者はにわかに、腕を組むのをやめようとし始めるだろう。こうなると、ふと腕組みしたくなったとき、とてもおかしな感情がわきはじめる。

「ああ、腕組みしたいなぁ。いやだめだ、拒絶のポーズだと講師の先生が言っていた。でも、どうも腕が落ち着かない……。ぶらんとさげておくか。あれ？　でもこれも何だかまぬけな感じだ。それに、手のひらの向きはどうしたら……」。周りで見ている人の目には、さぞおかしな光景に映ることだろう。

腕のやりどころ、足の向き、距離……考えるべきことはたくさんある。**こうなると自分のことで頭がいっぱいになるあまり、会話をしている相手に対してうわの空になってしまう。**

これは、相手にとっては不快な状況である。友達ならまだしも、会社の上司にまで「なんだこいつ、変な奴だな」と思われてもしかたがないだろう。話の途中で急に腕をそわそわと動かし出し、人の話も聞かず、心ここにあらずといった様子を見せるのだから。

そして事実、この人は相手の話に集中できていない。せっかく身体言語セミナーを受けたのに、コミュニケーション能力が上がるどころか、むしろ悪化してしまうのだ。これまで無意識でやってきたことを改善しようと意識しすぎたばかりに。

「無意識のしぐさ」を意識して変えようとしても、それは自然なしぐさにはならない。だからこそ、「しぐさ」には本音が出てしまうのだ。

「言葉」の前の「動作」を見逃すな！

僕たちは口だけでなく身体全体を使い、絶えずコミュニケーションし、思考し、話している。

では、ある感情が生じたとき、その次に現れるのは言葉と動作のどちらが先だろうか？　僕の観察によれば、その順序はどんな人でも共通している。

「感情→動作→言葉」という順序だ。

たとえば非常に腹が立ったとき、あなたの中で何がどんな順番で起こっているかというと、

1　脳が「自分はものすごく怒っている」と気づく

2　手がバンと机を叩《たた》く
3　「もう我慢できない！」と言葉が出てくる

あるいは、何かをうっかり忘れていた場合は、こうだ。

1　脳が何かを忘れていたことに気づく
2　手がパチンと額を打つ
3　「ああ、なんでこう忘れっぽいんだろう！　ハーフェナーの本で記憶術を学んだはずなのに……。アイロンの電源、ちゃんと切ったかしら」と言葉が出てくる

この順序は、特に意識しないかぎり、変わることは絶対にない。

そして、さらに重要なことは、**「言葉」は嘘をつく**ということだ。「動作」には本音が出てしまう。しかし、そのあとに発する「言葉」は嘘をつける。つまり、相手の本音を見抜きたければ、「言葉」の前の「動作」を見逃してはいけない。

たとえば街で偶然知人に出会ったとき、本当にその人に会えてうれしければ、反応は次のようになるはずだ。まず、知人がいることに気づく。次に、顔に笑みが浮かぶ（動作）。そのあと初めて相手に歩み寄って、声をかける（言葉）。

もし、相手が自分のところに近づいてきて、「会えてうれしいよ」と言ったあとに笑顔を浮かべるようなら、それは喜んでいるふりということになる。

あなたがどう思われているか見抜く五つの方法

これから書くことは、身体言語の基本となる大切な話なので、しっかり読んでほしい。

次の五つの方法を身につければ、周りの人たちが何を考えているのか、特にあなたをどう思っているかを見抜くことができるようになる。これから紹介する方法を頭に入れておき、日常生活の中でつねに観察し、実践してほしい。

〈方法❶〉「表情」から「感情」を見抜く

表情には、その人の感情がつぶさに表れる。

人間の顔には四十四個もの筋肉があり、それらが組み合わさって動くことで、表情が生まれる。この非言語コミュニケーション分野の先駆者が、アメリカの心理学者ポール・エクマンだ。

彼は一九七八年、ウォレス・フリーセンとともにＦＡＣＳ（Facial Action Coding System）という表情分類システムをつくり上げた。

これは顔の表情を記述し分類するためのシステムで、今日では世界中の心理学者が利用している。エクマンとフリーセンは無数の顔写真をもとにこのシステムを築き上げた。人間がとりうるあらゆる表情を、顔の筋肉のわずかな動きにいたるまで写真に収め、分析したのだ。ＦＡＣＳの信頼性は非常に高く、あのピクサー・アニメーション・スタジオ（『トイ・ストーリー』や『ファインディング・ニモ』の制作スタジオ）でもキャラクターの表情づくりにこのシステムを利用している。

エクマンとフリーセンは、表情筋の収縮によって形づくられる七千を超える表情を写真に収めた。

もちろん、その表情すべてに意味を見いだせるわけではない。だが、**目や鼻や口などのよく動く部位には、今そのときの感情が表れるのだ。**

さらにエクマンらの発見によれば、基本的な感情を示す表情は、人類の遺伝子に組み込まれている。というのも、喜びや幸せ、驚き、軽蔑、恐怖、嫌悪、怒り、悲しみを示す表情は、世界のどこでも共通なのだ。これはつまり、こうした感情は本能的なものなので、意識して考えなくても表に出てしまうということだ。

さあ、友人を誘って、一つゲームをしてみよう。

先ほど挙げた基本的な感情の中から一つを選んで、まずはあなたがその感情を心に呼び起こす。次に、相手にその感情を当ててもらい、答えを表情で示してもらおう。

やってみるとわかるが、**こちらの感情はすぐに相手に伝わり、相手の表情がどの感情を指しているかもすぐにわかる。**

さて、僕が特におもしろいと思うのが、エクマンとフリーセンが発見した「**微表情**（micro expressions）」だ。

これは一秒の何分の一というほんの短い時間だけの表情変化のことで、その人の隠れた本心が表れる。

一瞬で消えてしまうので見分けるのはとても難しいが、訓練して知覚を研ぎ澄ませば解読できるようになる。**普通の表情と違って、微表情はごまかすことができない。だから、とても信頼できるシグナルなのだ。**

昔、兄はよく僕にマジックを見せてくれた。そして僕は、しばしば兄が大事なトリックをしかける瞬間を見破ることができた。

なぜなら、その直後にいつもほんの一瞬、**兄の口の端がわずかに笑みの形に上がるからだ。**

本当に一瞬で、しかもほとんど気づかないほどかすかな動きだったが、そのシグナルは必ず表れた。

もう一つ例を紹介しよう。ミーティングで同僚に仕事を頼んだとする。すると同僚は口では「ああ、いいよ」と答えてくれるかもしれない。

だが、そのとき**眉がしかめられ、鼻にしわが寄ったら、それは「怒り」のサインだ。**たとえ一瞬でも、その表情はたしかに「とても不快だ」と訴えているのだ。


さらにおもしろいのは、表情が人から人に伝染することである。

あなたがある表情をすれば、相手もまるで鏡のように同じような表情を返してくる。つまり、顔の表情には、他人の表情を変えるだけの力があるのだ。

たとえばあなたがにっこり笑えば、相手も笑顔になる。だから日々を笑顔で過ごすことはとても大切だ。沈んだ顔をしていては、見た目が美しくないばかりか身の回りにも沈んだ顔ばかりを引き寄せてしまう。信じがたい話かもしれないが、これは本当だ。人は楽しいから笑顔になるだけでなく、笑顔になることで楽しい気分になれるのである。

ところで、エクマンとフリーセンの発見の中でも僕が特に気に入っている事実をお伝えしよう。**とろんとした色っぽい目つきを魅力的だと感じるのは、自分自身がオーガズムに達したときにまったく同じ目つきをしているから**だそうだ……。

表情を読むトレーニング

パートナーに何かとても興奮することを想像してもらおう（できれば、性的な妄想がいい）。

相手の顔をよく見て、どこかに変化が見られないか観察する。目が普段より少し開いていないか？　口もとにかすかに笑みが浮かんでいないか？　小鼻がぴくぴく動いていないか？（これは興奮したときの特徴だ）

相手の顔には何かしら変化があるはずだ。それを見つけ出そう。

続いて、今度はパートナーに「内緒にしておきたいこと」を思い浮かべてもらう。たとえば体重。昔つい出来心で悪さをしてしまったときのこと。あるいは本当の年齢や、パスワード。どんな内容でもいい。

先ほどの**「興奮する内容」から次の想像に移った瞬間、顔つきにも変化が生じるはずだ。**もしかしたら、頭に浮かんだ内容があまりに恥ずかしくて表情をコントロールできないかもしれない。相手の表情をもう一度よく観察しよう。そして、その人が今どんなことを考えているか当ててみる。

心地よいことか、愉快なことか、腹立たしいことか、あるいは思わず動揺してしまうような不快なことか。ヒントは必ず顔に表れる。

このトレーニングを、相手や想像する内容を変えて何度も繰り返すことだ。すると、日常のさまざまな場面で、表情から人の心を読み取ることができるようになる。

すると、次のようなプラス効果が期待できる。

まず、**周囲の人たちをよりよく理解することができるようになり、人づきあいが驚くほどスムーズになり**、簡単には壊れない深い絆《きずな》を築くことができる。そして、「相手と通じ合っている」というすばらしい感覚を味わえるのだ。

そう考えると、表情を読むトレーニングの意義はとても大きい。

では、もう一つ別のトレーニング法を紹介しよう。これにも協力者が必要だ。

まず子どもや家族や知り合いなど、協力者が好意を抱いている人物の写真を何枚か用意する。それと、大嫌いな人物の写真も用意しよう。

もし協力者がプライベートで嫌っている人を知らなければ、嫌いな政治家や芸能人の写真でもいいだろう。

あなたは協力者の正面に座り、写真をカードのように重ねて相手に渡す。そしてトランプゲームをするときのように、十分にカードを切ってもらおう。

切り終わったら、一枚を引いて確認してもらう。もちろん、あなたは写真を見てはいけない。

このとき、協力者の顔に注目しよう。

その人の普段の表情と比べて、違うところはないだろうか?

目の周りや鼻や口もとはどうか?

これを観察すれば、協力者が誰のカードを引いたのかわかるようになるだろう。

〈方法2〉「手」の動きで何を大切にしているかわかる

身振り（ジェスチャー）とは手や足や頭の動きのことだ。

僕たちは身振りによって言葉を使わずコミュニケーションしたり、自分の言うことを強調したりする。特に、話しながら手を動かす人は多い。なぜなら**脳内では言葉をつかさどる部位と手の動きをつかさどる部位が同じエリアにあるのだ。**

そう考えれば、話すことと手を動かすことが強く結びついているのもうなずける。人は電話をしているとき、相手には見えないのに、つい手を動かしてジェスチャーしてしまうことがある。また、生まれつき目が見えないために他人のジェスチャーを一度も見たことのない人でも、話すときは手を動かすというから、その動きは本能に近いといえる。

僕たちはしばしば、身振りによって自分の思考を補っている。大事な書類を手で指し示すのは、その重要性をよりはっきりさせるためだ。逆にいえば、**手でわざわざ指したものは、その人が大切だと感じているものである可能性が高い。**

そして、身振りはたいてい無意識のうちに起こるものだ。いちいち頭で考えながら鼻を掻《か》いたり、髪の毛を耳にかけたりする人はいないだろう。とはいえ、もちろん意識的に行う身振りもある。ただし、これには少々注意が必要だ。

こうした身振りはけっして万国共通ではなく、国や文化によってまったく意味が異なることも少なくないからだ。

たとえば、うなずく動作は世界のほとんどの場所で「はい」を意味する。だが、インドやパキスタンは例外だ。これらの国では、肯定したいときは頭を左右に傾ける。知らずにいると、とんだ誤解のもとになりそうである。

〈方法❸〉「歩き方」で心の状態を知る

ただ歩いたり立ったり座ったりするだけでも、さまざまな情報が表れる。もののの考え方や、そのときの気分も漏れ出てしまう。なぜなら、身体は思考の影響を受けているからだ。

人間の体内では、感情に応じてさまざまなホルモンが分泌される。このホルモンが血液の循環を活性化したり抑制したりすることで、僕たちは大事なときにすばやく動くことができるし、逆に急に身体がすくんで動けなくなることもあるわけだ。椅子に座るときぐったり沈み込むように座るか、あるいはピンと身体をこわばらせるか。軽やかな足どりで歩くか、それともおどおど歩くか。そのときの心の状態によって、人の動作はまったく違う。

僕たちは自分の身体を黙らせることはできない。そして同時に、**他人の身体が発するシグナルを無視することもできない。**そうしたシグナルはキャッチされるやいなや、直感的に解釈される。たとえば力強い足どりでドスドス歩く人物を「臆病なタイプ」と考える人はいないし、椅子の端に縮こまるように座る人を「勇敢なタイプ」とは考えにくい。

しかし、身体言語はとても複雑で、必ずしもこの例のように明確なわけではない。だから、外国語を学ぶように、きちんと学ぶ必要がある。

〈方法 4 〉「距離」であなたを好きかわかる

人と人とがコミュニケーションをとる場面では、両者の距離が一定以上に保たれることもあれば、とても近いこともある。ここにも、さまざまなメッセージが隠れている。

僕たちは普通、他人との距離にとても敏感で、本能的にその場の全員が心地よく感じるくらいの距離を保とうとする。**もしも誰かが、あなたとの距離を縮めてきたら、その人はあなたに好意をもっているかもしれない。**

たとえば電車などでは、強制的に他人との距離が近くなってしまう。だから電車内では誰もがなるべく他人を無視し、じっと前を見て目が合うのを避けようとするのだ。

「距離」については第3章で詳しく述べることにする。

〈方法5〉「服装」で自我を見抜く

服装やアクセサリーもまた、文化的な形で表現された身体言語だ。**着る服を選ぶことで、僕たちは自分がどんな人間に見られたいかも選択している。**

型破りなパンク族か、常識人か、ビジネスマンか、あるいはスポーツマンか。ネクタイを選んだり真珠のネックレスをつけたりするのも、単に似合うからではなく、それによって何かを伝えたいからだ。

服装によって、相手はあなたに何かを伝えようとしている。伝えたい内容は「自分がある特定のグループに属していること」かもしれないし、「お金持ちであること」かもしれない。「他人にどう思われようと気にしない人間であること」を示したい場合だってあるだろう。世

領 収 書

虎ノ門書房

本店
毎度ありがとうございます。
TEL03−3502−3461

2017年 3月17日 (金) 13時30分
店:117460 POS:0002
担当者No: 000000999

00008 実用書 外
9784763134684 ¥1,500

小計 ¥1,500
(外税対象額 ¥1,500)
外税額 ¥120
お買上点数 1点

合計 ¥1,620
お預り ¥10,000
お釣り ¥8,380

0864

の中にはドレスコードというものがある。だから葬式では誰もが黒を身にまとうし、ホットパンツ姿でオペラ座を訪れる人は滅多にいない。ドレスコードに従わないことは、それ自体が一つの明確なメッセージとなる。第10章で詳しく説明しよう。

第2章

本音を見抜くワザ❶

一瞬の「変化」を見逃すな！

人の身体は、絶えず「おしゃべり」をしている

身体言語には「身体→思考への影響」と「思考→身体への影響」という二つの方向性がある。身体言語を操る「ボディー・リーダー」は、どちらの方向にも「通訳」できないといけない。そのためには、まず何といっても相手のしぐさや声のアクセントをよく観察することだ。こうして観察力を磨けば、相手の本音を見抜けるようになるだろう。

相手が言葉のどこを強調しているか？　身体の動かし方はどうか？　どこを見ているか？　するとそのうち気づくはずだ。人間の身体は絶えず非言語コミュニケーションを続けていることに。僕たちは四六時中ひっきりなしにおしゃべりをしているのだ！

しぐさの中には、意図がとても明確なものがある。女性に「僕の部屋に来ない？　秘蔵の写真コレクションを大画面で見せたいんだ」と誘ったところ、相手の女性がうなずいた。これは一目瞭然だろう。OKのサインだ。

だが、もっとわかりづらいシグナルもある。同僚が「君と一緒に働けてすごくうれしいよ」と言いながら、つま先と肩はあなたのほうを向いていない……といったケースがその一例だ。

こんなときは、言葉にだまされてはいけない。しぐさのシグナルに隠された本音を読み解かなくてはいけないのだ。

ただ、残念なことに、僕たちは自分で思うほど小さな変化を読み取れてはいない。微細なシグナルは、そうそう感知できるものではないのだ。というのも、実際人間が知覚しているのは身の回りで起こっていることのほんの一部にすぎないからだ。

試しに自宅のテレビのリモコンがどんな見た目だったか、思い出してみよう。音量ボタンはチャンネル選択ボタンの左右どちらについていただろうか？　各チャンネルの数字の書体は？ボタンや数字の色は何色だろうか？

ここで一つ、クイズに挑戦してみよう。

Q：次の文字列を構成しているのは？

IIIIIIIIIII

おそらく、ほとんどの人は大文字の「I（アイ）」だと答えるだろう。あるいは、小文字の「l（エル）」だ。ここまでは間違いない。では、文字列を構成する「I」（または「l」）の数がいくつだったか、見直さずに答えられるだろうか？

アメリカの神経科学者デイビッド・イーグルマンは著書『意識は傍観者である――脳の知られざる営み』（早川書房）の中でこのようなことをいっている。「私たちの知覚は、世界を不完全または間違った形で再構成するのみならず、それがあたかも完全なものであるかのように思い込ませる。だが本当のところ、人間は自分に必要なものしか見えていないのだ」

ひし形マークの実験でわかる、驚くべきこと

ところで、あなたは今、舌先を口内のどこに置いているだろうか？　もちろん、すぐに答えられるだろう。ただし、質問されて初めて舌の位置を確認したのではないだろうか？　それは、「舌先を口のどこかにやる」という行為が無意識に行われる種類のものだからだ。

「脳にとっては、ほとんどのことは知る必要がない」。イーグルマンはそう説明する。「いざ必要になったときに確認する方法さえ把握していれば、それでいいのだ。脳は『何を知るべきか』を知っている」。だから僕たちは口の中のどこに舌があるかをつねに確認したりはしない。それはごく例外的なケースを除いて、どうでもいい情報だからだ。

というわけで、特に注意を促されないかぎり、僕たちは今身の回りで起こっていることのご

く一部しか感知していない。

あなたは今、冷蔵庫のかすかな音を意識して聞いていただろうか？

家の前を通り過ぎる車の音は？

あるいは、靴の中での足の感覚はどうだろう。

こうした細かなことは、言われて初めて意識するものだ。人間は自分が集中して注意を向けたものしか知覚できない。エネルギーは注意を向けた方向に向かう。**集中とは、すなわちエネルギーなのだ。**

ちなみに、先ほどのクイズの答えだが、文字列の中の「I」または「l」の数は、十二個である。


多くの人は、目を向けさえすれば大事なものがすべて見えると考えている。それどころか、そうして知覚された光景が、現実を正しく反映していると思い込んでいるのだ。

だが、そんな思い込みはそろそろ捨て去るべきだろう。そこで、ちょっとした実験を紹介したい。これはあなたの目を開かせてくれるだけでなく、じつにおもしろい現象なのだ。

まず、次ページに示す二つのマークを見てほしい。

しっかり目に焼きつけてから、以下の手順を読んで実践してみよう（すべての手順に最後まで目を通してから始めること）。

・このページを開いたまま、本を右手に持つ
・左手で左の目を隠す
・本を持った右手を前に伸ばし、目の高さに上げる
・右目でXマークをじっと集中して見つめる
・右手で徐々に本を顔に近づけていく。このとき、右目はずっとXに固定する
・さらに本を近づけていくと……不思議なことが起こるはずだ！

◆　　　　　　　　　　**X**

ほら、驚きだろう？　まるで魔法でも使ったかのように、ひし形マークが消えてしまうのだ！

でも、本当に消えてしまったのかといえば、もちろんそうではない。マークは消えることなく紙面に残っている。ただ単に見えなくなっただけだ。

この驚きの現象は、人生に置きかえることもできる。**何かに固執しすぎることで、僕たちはしばしば、すぐそばにある別の魅力的な可能性を見逃してしまう。**

たとえば恋人や結婚相手の気にくわないところばかりに目がいって、その人のすばらしい長所を忘れてしまったり、「自分は○○がないと幸せになれない」と思い込むあまり、その○○がなくても今すぐ幸せになれることに気づかなかったりする。

探し求めることに夢中になるあまり、目の前にあるものを見逃してしまうのだ。だから、つねに自分に問いかけなくてはならない。**今、自分が重要だと思っていることは、本当に重要なのか。それとも、別の何かに目を向けるべきなのか……。**

ところで、消えるひし形マークの実験が教えてくれたのは、人間の知覚がまったく不完全なものだということだけではない。**このちっぽけなマークは、僕たちが見ている光景の多くがじつは「でっち上げ」であることを如実に示しているのだ！**　どういうことだろうか？

これについてはすでに十七世紀に研究が行われている。人間の眼球について研究していたフランスの物理学者エドム・マリオットは、実験を通じて驚くべき発見をした。人間の目の網膜には、かなり広い「ものを見ることのできない部位」があるのだ。なぜなら、そこは視神経が目の外へとつながる部位で、ものを見るのに必要な視細胞が存在しないからである。この部位が、いわゆる「盲点」だ。

ところが僕たちの視界には、別に見えない部分などない。いったいなぜだろう？　一つの理由は、両目で見ているからだ。視界における盲点の位置は、左右の目でそれぞれ違う。だから両目で見ることで視野全体をカバーできるのだ。

でも、先ほどの消えるマークの実験では片目でページを見ていたのに、視界の一部に黒い穴があいていたりはしなかった。消えたマークの位置には、ただ切れ目なく紙の表面が見えたはずだ。これは、**脳が盲点で見えない部分のつじつまを合わせるために、その周辺の視覚情報をもとに「こう見えるはず」という光景をつくり出しているからだ。**つまり、僕たちは実際に目に映るものだけでなく、脳が「こうあるべき」と考えるものを見ていることになる。世界はあなたが思う通りにあるのだ。

なぜ、過去の成功体験から抜け出せないのか？

もう一つ例を挙げてみよう。

静止した絵の一部が動いているように見える錯覚について、聞いたことがある人は多いのではないだろうか。そのからくりは「じつは自分の頭が動いているのでそう見えた」という場合もあれば、それ以外のパターンもある。後者には、いわゆる「周辺視」と呼ばれる目の見え方の特性が絡むことが多い。集中して見ている部位の周辺では、ものが動いているように見えるのだ。

ものが動いて見える錯覚は、位置関係を確認できるような目印がない空間で、小さな物体を見ているときにも起こりやすい。たとえば真っ暗な空に一つだけ星が見えると、この星がちらちらと動いて見える。

こうした知覚の混乱は、僕たちが普段抱いている「こうなるはず」という予想や習慣によって生じる。いっぺんに多くの情報が視界に入ってくると、人間は意味をきちんと理解できなくなるのだ。

それがよくわかるテストをやってみよう。このテストは二段階のレベルがある。レベル1から始めよう。次に示す表を見てほしい。各マス内にはいくつかの単語が並んでいる。この単語の数を声に出して答えてほしい。

たとえば最初のマスには「ねこ」という単語が三つ並んでいるから、「三」と言う。順番にすべてのマス内の単語数を言っていこう（実際に声に出すのがポイントだ。でないとおもしろさがわからない）。

では次にレベル2を同じ要領でやってみよう（書かれている言葉を読むのではなく、あくまで個数を言うことをお忘れなく！）。

[レベル１]

ねこ ねこ ねこ	えんぴつ	葉っぱ	ドア ドア	本 本	ボール	手 手 手
葉っぱ 葉っぱ 葉っぱ	本	手 手	ドア ドア ドア	ボール ボール	えんぴつ えんぴつ	ねこ
ねこ ねこ	ドア	本 本	ボール ボール	手 手	葉っぱ 葉っぱ 葉っぱ	えんぴつ えんぴつ えんぴつ

[レベル２]

3 3	1 1 1	4	2 2 2	4 4	2 2 2	3
2 2 2	3	4 4	1 1 1	3 3	2 2 2	4
1 1	2	3 3	1 1	4 4	2 2 2	1 1 1

どうだろう、かなり難しかったのではないだろうか？

だが、まだまだこれからだ。次のテストでは、単語がマス内の「上」「下」「左」「右」のどの位置にあるかを声に出して言ってみよう。

先ほどと同じように、ポイントは、単語自体ではなく、書かれている位置を言うことだ。つまりレベル1の左列の一番上のマスなら「上」、その一つ下のマスは「左」、そして一番下のマスも「左」が正しい答えになる。さあ、やってみよう。できるだけ速く、リズミカルに言おう！

下のレベル2も同様にやってみよう。

何が起こっているか、おわかりだろうか？　脳が二つの異なる情報を受け取り、それらをうまく結びつけられないと、頭の中には優先順位が生まれる。

僕たちは行動をするとき、「よく知っていること」を一番好む。一方、あまりなじみのないことは苦手に感じられ、ヒエラルキー（力関係）のかなり下に押しやられる。これは「**自己強化**」と呼ばれる現象だ。

人は、一度うまく機能した知覚方法を、それが間違いだと判明しないかぎりはずっと保持しようとする。すると、その方法はあなたの中でますます強化されていくのだ。**一度成功した知覚方法や行動は、繰り返し使われることで次第に「当たり前」になっていく。**

[レベル１]

上		左	右	上	右
	下				
下	上	右 左		上	左
右		上	上 左		
	下				下

[レベル２]

下		右	下		右
	上				
	下	左 右	下		左
左					
左	下		左 下		右
	上				

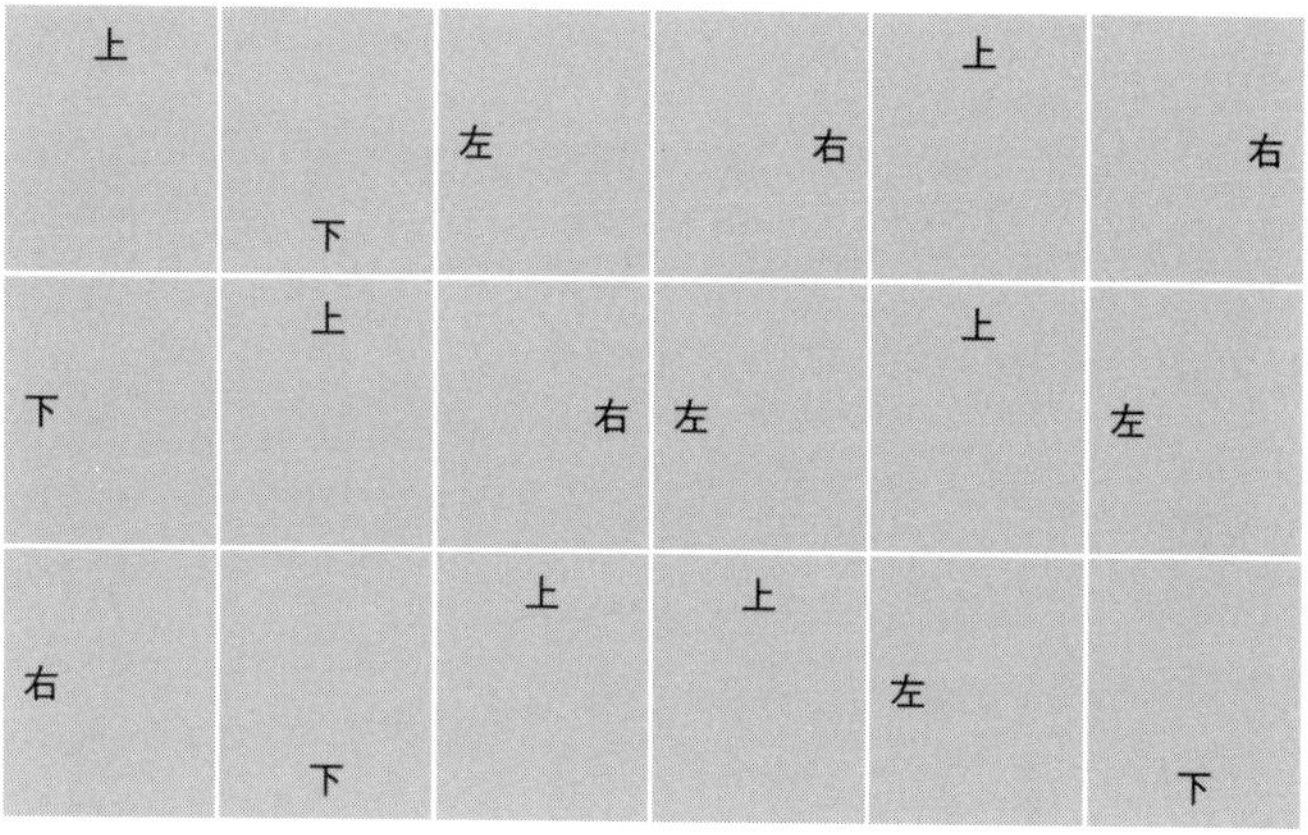

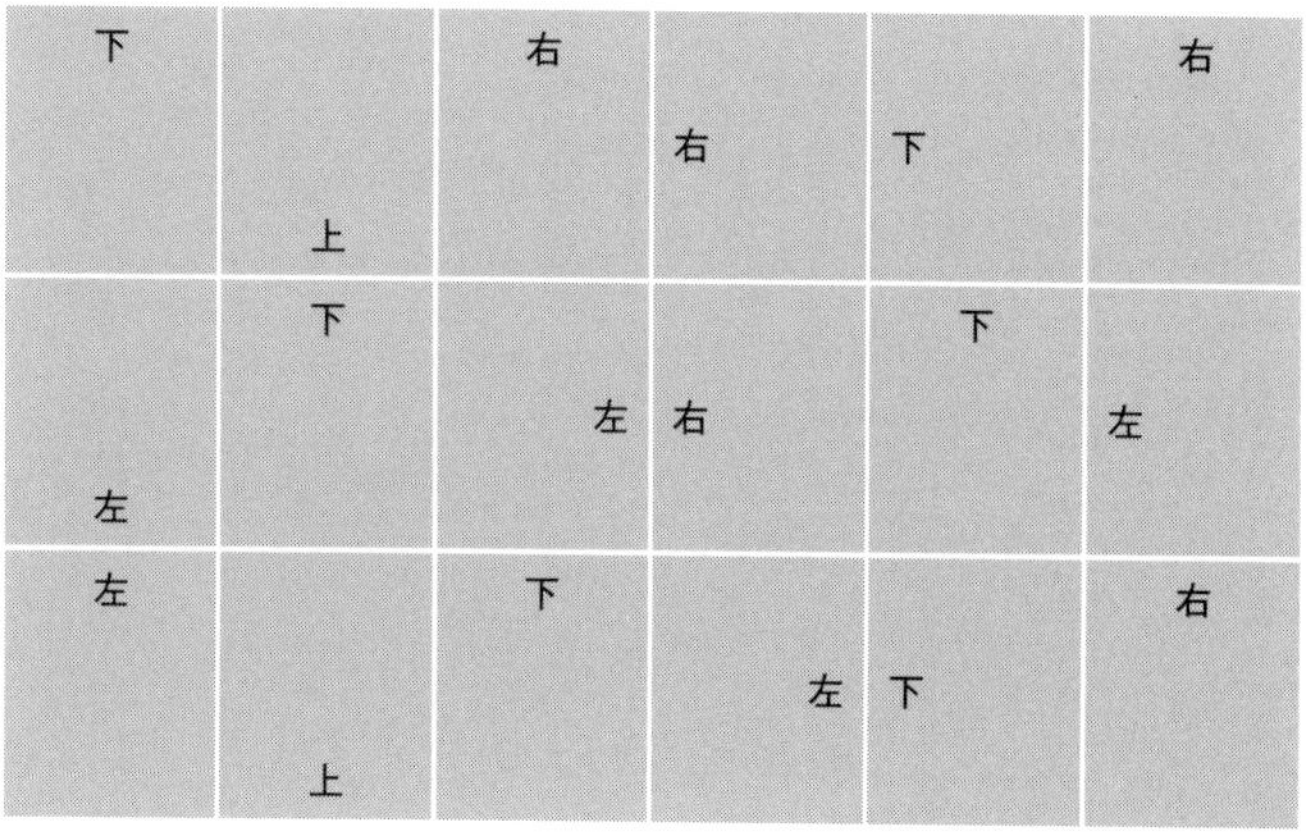

このテストを小学生にやらせると、大人よりもすらすらこなしてしまう。**なぜなら、子どもは言葉や文字を読むことにまだあまり慣れていないからだ。**文字を読む経験が増えるにつれて、慣れ親しんだ習慣が障害となって、このテストはどんどん難しくなっていく。

似たようなことは日常生活でもよくあるだろう。たとえばある人に対していつも「こいつ、嫌な奴だな」と思っていたとする。すると、たとえ「意外といい人かも」と思えるような長所があったとしても、なかなか目に入らないものだ。逆に大好きな人の場合は欠点も見えにくい。

本音は「変化」に表れる

慣れとは恐ろしいもので、世界を見たいようにしか見なくなる。これの最大の問題は「変化」に気づかないことだ。これは「ボディー・リーディング」において致命的なことだ。なぜなら、**ある状況でその人の身振りや姿勢が「変化」したときに初めて、身体言語は意味をもつのだから。**ベテランのボディー・リーダーは、そうした変化を見逃さず、そこから人の心を読み取る。

これは普通の言語でも通じる話だろう。文脈もなく単語だけをぽんと出されても、その意味は必ずしも明確にはわからない。たとえば、ドイツ語では「Bank」という単語には「銀行」

と「ベンチ」の二つの意味がある。だから文脈がわからないと、どちらの意味か判断できない。具体的な意味をはっきりさせるには、その前後の文を知る必要がある。

たとえば僕が「お金をBankに持っていく」と言ったら、銀行のことだとすぐにわかるだろう。「彼はBankに腰かけた」と言ったら、当然ベンチのほうだ。だが、ときには一文では判断がつかないこともある。「Bankを探しています」と言われても、あなたは銀行かベンチかわからず困ってしまうだろう。こういう場合は、その文をとりまく全体的な文脈がわからないことには判断は下せない。

身体言語も同じだ。**ある身振りや動作を意味づけるためには、文脈、「違い」に気づくことが重要だ。**たとえば、会話相手が手もみをしていたとしよう。あなたと話している間ずっと手もみをしているのなら、その動作には特に意味はないか、あるいはあなたとは無関係な理由によるものだ。もしかしたら、その人は手もみが癖なのかもしれない。

だが、**もしあなたが話題を変えたとたんに手もみの動作が始まったのなら、そこには何らかの意味がある。**たとえば話題が変わったことで興奮したとか、不満を抱いたなどの理由が考えられるだろう。

このように、文脈をふまえて相手の「変化」を読み解くことが重要になる。

あくびは退屈のサインではない!?

会話の最中にいきなり相手に大あくびをされたら、かなりショックだろう。大口を開けてあくびをしてしまった当人は「すまない、酸素が足りないみたいだ」と言い訳するかもしれない。だが、あくびが酸素不足によって起こるものでないことは、科学的にもとっくの昔に証明されている。

僕たちは通常、会話中のあくびの意味するところはたった一つだと考える。すなわち、「あなたの話に興味がありません」というメッセージである、と。

想像してみてほしい。あなたは自分が温めていた新プランについて熱く語っている。すると、相手の身体言語に変化が表れた。さっきまで笑顔だったのに、なんと急にあくびをしたのだ。まるであなたに二時間も延々と休暇の写真を見せられているかのように。

しかも、あくびは伝染する。一人のあくびをきっかけに、その場の全員がタイミングよく同時にあくびをしてしまう……。自分のプランについて熱弁をふるっていたはずのあなたまでも、あくびをしてしまう。だがこの場合、あなた自身があくびをした理由は「話に興味がないから」ではありえない。

ちなみに、「あくび」という文字を見るだけでも、あくびは伝染する。

あくび

あくびをしている写真も同様だ。

では、そんな不可思議な「あくび」の裏にはどんな秘密が隠れているのだろう？

二〇〇八年、ニューヨーク州立大学オールバニ校の二人の心理学者が「あくびが出るのは脳の熱交換を促すためである」という研究結果を発表した。研究を行ったアンドリュー・ギャラップとゴードン・ギャラップは、鼻呼吸している被験者にはあくびが伝染しないことを発見した。鼻呼吸には脳を冷やす効果があるとされる。一方、鼻をクリップで塞がれた被験者にはあくびが起こった。また、額に冷たいパックを当てた被験者にも「あくび伝染効果」は見られなかった。

このことから次のようなことが推測できる。僕たちはあくびをすることで脳に冷たい血液を送り込み、頭をすっきりさせて思考力を高めようとしているのではないか。つまり、**あくびは退屈のサインではなく、むしろ集中力を保つための手段なのではないか。**

これをふまえて、あくびをボディー・リーディングに活用する方法を一つご紹介しよう。**この方法を使えば、あなたは他人が自分の話をきちんと聞いているかどうかをすばやく見抜くことができる。**

まず相手の前で盛大にあくびをしてみよう。もし相手もあくびをしたら、それは向こうがこちらの話をまじめに聞いてくれている証拠だ。すでにおわかりの通り、相手はあなたの話に集中するため脳に血液を送り込もうとしているのだから。

会社の面接や恋愛といった場ではあまりおすすめできない方法だが、日常生活の中で試してみると、とてもおもしろいのでぜひやってみてほしい。

ところで、先ほどのあくびの写真で実際にあくびが出てしまったあなた。あなたは非常に共感力が高い人だといえる。なにしろ写真の中の相手に対しても感情移入ができるのだから。それは、とてもよいことだ！

声の変化からも、本音は見抜ける

ところで身体言語における「変化」は、姿勢や動作だけでなく声にも表れる。声の調子を読み取ることも、ボディー・リーディングの一部である。特に、相手がこちらの知らない言語で話している場合は。言葉の通じない外国では、これがとても重要になる。ときには同じ言語で話しているのに、まったくわかり合えないこともある。そんなときこそ、声の調子やアクセントに耳を傾けてみるといい。

そこで、一つゲームに挑戦してみよう。まず協力してくれるパートナーを探し、相手の正面って結構だ。

注意して聞くこと。ちなみに早口言葉ゲームではないので、スピードは相手の自由にしてもら

客はよく柿食う客だ」と声に出してはっきりと言ってもらおう。このとき、相手の声の調子を

に座る。パートナーには、何も考えずリラックスしてもらうように言う。この状態で、「**隣の**

　言い終えたら、次に「**大嫌いな人**」のことを考えてもらおう。この人物について、できるだけ細かい部分まで思い浮かべるように指示する。そしてその想像を続けながら、もう一度「隣の客はよく柿食う客だ」と言ってもらおう。

　さて、先ほどと比べて声の調子に変化はあっただろうか？　その変化の程度は？　早口になったり、逆にゆっくりになってはいないか？　声に硬さや緊張感はあるか？　攻撃的な響きや悲しげなトーンを含んでいないか？　必ずどこかに違いがあるはずだ。細かなニュアンスにまで注意を払ってほしい。

　続いて、今度は「**大好きな人**」のことを強くイメージしてもらおう。その状態で再び「隣の客はよく柿食う客だ」と言ってもらう。今度はどんな変化が見られるだろう？　あらゆる点に注目しよう。

　最後は、先ほどイメージしてもらった「大嫌いな人」と「大好きな人」のうち、どちらか一方を思い浮かべて「隣の客はよく柿食う客だ」と言ってもらおう。すると、あなた自身も驚く

はずだ。**声の違いから、どちらを思い浮かべたか、きっと言い当てられる。**

変化に気づくためには、その人の普段の行動パターンを知っておく必要がある。いつもと違う行動が見られたときに初めて、その違いの意味を考えられるからだ。専門家はこれを**「ベースラインをつくる」**と表現する。

つまり基準をはっきりさせることで、アクセントや姿勢の変化、それにあくびなど、普段と違う行動が見つけやすくなるわけだ。

変化を知覚できた時点で、あなたはボディー・リーダーとして大切な一歩を踏み出したことになる。相手の身振りや表情の「変化」を知覚できたのだから。次はいよいよ、その変化がどんな意味をもつのかを分析する段階に入っていく。

たとえば「相手が中指を立てた」など一目瞭然のケースもあれば、とても微妙で、正しく解釈するには経験が必要なケースもある。

しかも大事なのは他人のしぐさを読み解くことだけではない。あなた自身の身体言語が**「どう変化すると、どんな感情になるのか」**を知っておかなければならない。自らの「変化」を分析することも、他人の本音を見抜くことにつながるのだ。

相手の心を見抜く「名前当て」トレーニング

これまでの話をよりよく理解してもらうために、あるゲームを紹介しよう。アメリカのメンタリスト、ボブ・キャシディの**「名前当てゲーム」**だ。

まず相手に「学生時代の知り合いの名前」を一つ思い浮かべてもらおう。ただし当時知り合った相手と結婚している場合、その人の名前は禁止とする。自分と同じ名前の人もだめだ。思い浮かべてもらったら、こう告げよう。「その名前がどこかに書かれている様子を想像してください。できれば黒板に白のチョークで書かれたイメージがいいですね」

さらに次のように指示する。「これから私が手を叩きます。そうしたら、名前を五つ言ってください。苗字と下の名前、両方です。五つのうち一つは先ほど思い浮かべた名前に、あとの四つは架空の名前にしてください。架空なので、実際の知り合いの名前と同じになってはだめですよ」

ここで手を叩き、相手に五つの名前を挙げてもらう。これでほかに何の質問もすることなく、相手の思い浮かべていた名前を当てることができるのだ。

では、あなたが実際にみごと名前を当てられるように、その手順を説明しよう。

[1] 知覚する

相手の顔に注目すること。正しい名前を口にする一瞬前に、何らかの兆候が表れる。あるいは正しい名前の前ではなく、それ以外の四つを挙げるときに共通の特徴が見られるかもしれない。たとえば架空の名前を挙げるときは視線が合わないのに、正しい名前のときだけまっすぐに視線を合わせてくる、という具合に。相手の表情をじっくりと観察すれば、必ず何かに気づくはずだ。

[2] 変化に気づく

正しい名前とそれ以外の名前に見られる違いは何か？　五つの名前を続けて挙げるとき、相手はおそらく架空の名前の前でほんの少し間をおく。まったく新しい名前を創作しなければならないからだ。だからこのゲームでは、相手に多少の時間的プレッシャーをかけることがポイントだ。

ただし、相手はあなたを出し抜くために「ひっかけ」を入れてくるかもしれない。この場合、正しい名前の前にも意図的に間をおかれる可能性がある。だがそれでも、その間隔はほかの四つのときよりわずかに長いか、あるいは短いはずだ。

名前を言うときの声の調子もヒントになる。正しい名前を口にするときは、声にも違いが出る可能性が高い。先ほどの「隣の客は……」のゲームを思い出してほしい。

③意味を分析する

このケースでは、変化の意味するところは明らかだ。変化が見られたら、そこに正しい名前がある。

相手が五つの名前を言い終えたら、見聞きした情報をじっくり思い返してみよう。あなたには時間的な面でアドバンテージがある。相手は急かされながら架空の名前を考え出さねばならないため、その焦りが表情にも漏れ出ていたはずだ。さらに、ある心理的現象もこちらの有利に働く。その現象とは……**たいていの人は正しい名前を最初や最後には置かず、三番目にもってくる傾向が強いということだ。**

このゲームは、観察力を磨いて変化を読み取るトレーニングにぴったりだ。これらの力を伸ばすことで、あなたは他人の嘘を見抜くこともできるようになるだろう。ちなみにこのゲームは、電話で声だけでも行うことができる。

しぐさが、思考をつくり出す!?

この本で僕が伝えたいのは、単に「思考は身体言語となって表れる」という話だけではない。むしろ、大事なのは**「どんなしぐさをしているかが、あなたの思考に影響を及ぼす」**ということだ。

たとえば、**緊張をほぐすのに一番効果的なのは、姿勢を変えることだ！** それだけで、新しい姿勢に引っぱられるように思考も変わる。これは僕が長年ショーや講演などの本番前に活用してきたテクニックだ。嘘みたいな話だが、実際に試してもらえれば、すぐに効果を実感できると思う。

あなたは今、椅子に座ってこの本を読んでいるのだろうか？　もしそうならば、その座り心地は、ゆったりと快適だろうか？　それとも、せせこましくて不快？　その感覚をよくよく頭に思い浮かべ、「快適だなあ」あるいは「不快だなあ」と考えてみてほしい。そして同時に座り方を変えてみる。するとどうだろう？　驚くべきことに、思考は、座り方に合わせて変わってしまうのだ。

あるいは、自由でリラックスした感覚を思い浮かべながら、身体をこわばらせて椅子に座ってみてほしい。肩をぎゅっとすくめて、おびえたようにうつむいて。ほら、うまくいかないはずだ。

身体の姿勢は、あなたが思っている以上に人生を大きく左右する。だから身体言語を読み解く「ボディー・リーディング」は、楽しいだけでなく、よりよい人生へのヒントにもなるのだ。

僕たちは言葉以外にもさまざまな方法でコミュニケーションしている。たとえば、視線の向け方、身振り手振り、相手との距離のとり方、姿勢などだ。だから意識的であれ無意識であれ、相手のこうしたサインを読み取って情報を得ようとする。

言葉で語られた内容を補うのが、言葉によらないサイン、つまり非言語サインだ。今話している相手はこちらに敵意をもっているか？　信用できる人物か、それとも早めに逃げ出したほうがよさそうか？　恋愛対象としての可能性は？　一緒に仕事をしやすい人か、それとも他人につらくあたったり、知識を独り占めしたりするタイプか？

こういったことは、できるだけ早く見きわめる必要がある。そしてそのためには、身体言語がもたらす情報がとても重要になる。だからこそ、**相手の身体言語を読み取り、その意味を理解する能力は、生きていくうえで大いに役立つのだ。**

「誠実さ」は、たった三〇秒で見抜かれる

インドの社会心理学者で、非言語コミュニケーションについて研究しているナリニ・アンバディは、こんな実験を行っている。学生に十三人の教授を撮影した五分間のビデオを見てもらい、その教授がどんな人かを予想してもらう。ビデオに音は入っていないので、学生は教授たちの非言語サインだけを頼りに判断を下すことになる。

結果は驚くべきものだった。学生たちはほんの短時間ビデオを見ただけで（たとえば、ある場合にはたった三〇秒で）、それぞれの教授がどんな人物かを見きわめていたのだ。

学生たちは、**ときには一目見ただけで、あるいは堅苦しい姿勢や、ぴくりと目もとが動いたといった手がかりから、その教授の誠実さ、支配性、熱意、ユーモアがあるかどうかなどをすばやく判断していた。**

人間の表情や身振りは無意識なだけに、本当の姿を教えてくれる。この実験はそれを証明してくれた。

自分のしぐさは、人にどんな印象を与えているのか？

僕たちは言葉以外の「非言語的な」行動から、他人のことをあれこれ判断する。だが、**自分の身体言語が相手にどんな印象を与えているかについては、はたしてきちんと把握できているだろうか？**

さらに難しいポイントがある。**自分の身体言語が自分自身の考え方や行動にいかに影響を及ぼすかを、あなたは意識できているだろうか？**

それはすべて、自分の身体をどうコントロールするかにかかっている（逆もしかり。身体と思考はけっして一方通行ではなく、つねに双方向だからだ）。

このことから、一つの法則が導き出せる。

その法則とは……「すべての力は自分の内面から生じる」というものだ。

要するにこういうことだ。**僕たちの幸福や、身の回りの世界に対する認識は、すべて自分の思考から生まれる。そしてそれが身体にも実際に形となって表れるのである**（ここでもまた、逆もしかりだ）。

もう一つ、「境界など存在しない」という法則もある。

これはつまり、「身体と思考は一つ」ということだ。両者は互いに影響を及ぼし合っている。

僕たちは身体言語によって、他人のみならず自分自身にも何らかのシグナルを送っている。同じように、思考と感情の間にも境界はない。僕たちはつい、感情にまかせて物事を考えてしまいがちだ。

だが、**感情を思考に従わせることだってできるのだ。**

この話は複雑なので、後の章でじっくり説明しよう。それを読めば、感情に従うことが必ずしも得策ではないことがおわかりいただけると思う。それに、自分や相手の身体に注目することがいかに大切かということも。

自分の思考を自由自在に変える方法

ところで、あなたの「思考」を左右するものとは、具体的には何だろう?

答えは、あなた自身だ! そして、その「思考」が、あなたの感情、ものの見方、さらには行動を左右する。

ある状況に陥ったとき、状況そのものを変えるのは難しいだろう。でも、その状況をどう判断するか、すなわちどう考えるかは、あなた次第だ。ということは、そう、すべてはあなたの思うがままなのだ！　あなたの人生は、あなたの思考によって決まる。

つまり、こういうことだ。自分の体験を振り返り、「それまでの考えが一瞬で変わったとき」のことを思い出してみよう。

たとえば、こうだ。あなたは街角を歩いている。これから友人と楽しいディナーの予定で、心は浮き立ち、頭はそのことでいっぱいだ。すると突然、ひざの後ろにガツンと何かがぶつかってきた。一瞬のうちに、あなたはカッとして振り返る。

「誰だよ！　気をつけろ！」そう言いたい気持ちをぐっとこらえて見ると、視線の先では小さな子どもが道に倒れている。どうやらその子が転んだ拍子にぶつかってしまったようだ。そうとわかったとたんに、怒りは消えていく……。

思考とそこから生み出される感情は、こんなにもくるくると変わるのだ。


今の例では、外側からの情報をきっかけに思考と感情が変化した。さて、ここからがおもしろいところである。これを内側から変えるにはどうすればいいだろう？

その一つの方法が、姿勢を変えることだ。

一度ぜひ試していただきたいのだが、肩と首すじがほぐれた状態で不快感を覚えることは難しい。また、眉をぐっとしかめながら上機嫌をキープしようとしても、うまくいかないはずだ。

僕たちの身体が発するサインは、先ほどもいった通り、けっして一方通行ではない。**身体の状態は思考に必ず影響を与える。**そこには「境界など存在しない」のだ。

一瞬で優位に立てる「勝利のポーズ」

では、身体言語によって意識的に自分の思考をコントロールする方法はあるのだろうか？

たとえば僕の場合なら舞台に上がる前の五分間、あるいはデートや大事なミーティング直前の五分間に、ネガティブな思考をしてしまうと、悪い影響がある。そんなときは、不安やためらいを捨て、明るく自信に満ちた姿で本番に臨みたい。また、デートの場合なら、魅力的で感じのいい自分を演出したいものだ。

そんなポジティブな効果を伝授してくれるのが、アメリカの社会心理学者エイミー・カディ女史だ。カディは型にはまった行動や感情にまつわる行動の研究で知られている。そんな彼女がハーバード・ビジネス・スクールで研究しているのが、**勝利と優位のポーズといわれる「パワーポーズ」**だ。

カディによれば、優位性は「大きさ」で表される。

たとえば身体をいっぱいに伸ばしたり、両脚を大きく広げて立ったり、大きな歩幅で歩いたりするのがその一例だ。

そうした姿勢をとるには、広いスペースが必要になる。そして、この「広いスペースをとる」ところがまさにポイントなのだ。

身体を大きく広げ、めいっぱいスペースを使っている人物がおどおどしたタイプだとは誰も考えないだろう。そして実際、こういうポーズをとれば、おどおどする気持ちは消えていく。というのも、自分の劣った部分を意識するという思考と、大きく堂々としたポーズとは、どうしても両立しないからだ。

勝者のポーズをとれば、気持ちもまさに勝者になる。だから勝利を確信して、戦いの舞台に堂々と足を踏み入れることができるのだ。ショーの舞台に、ミーティング・ルームに、そしてハートを射止めたい相手の待つレストランに。

人は勝ったときには身体を大きく広げる

おもしろいことに、**この勝利と優位のポーズは、東京だろうが、ミュンヘンだろうが、世界中どこでも共通している。**「スペースを大きくとる＝勝者」というイメージは、欧米だけの認識ではなく世界共通なのだ。

このイメージが単なる西洋の受け売りではないことは、実験でも証明されている。二〇〇八年、カナダのブリティッシュコロンビア大学とアメリカのサンフランシスコ州立大学で、ある実験が行われた。

目の見える人と、大人になってから視力を失った人、そして生まれつき目の見えない人に参加してもらい、「勝利の喜びのポーズ」を実演してもらったのだ。すると三つのグループの被験者はいずれも、腕を高く上げ、両脚を広げて立ち、あごを上向かせるポーズをとった。つまり、**勝ったときに身体を大きく広げるという行為は、人間が生まれもった性質から来るものだということになる。**

一方、敗者のポーズも万国共通だ。身体を小さく縮めてうつむく。ただし、このポーズをとるシチュエーション、つまり何を恥とするのかは、文化によってさまざまである。

「自分には力がある」と感じている人は、リスクを恐れず、自信があり、自分ならできるという感覚をつねに抱いている。

一方、おどおどしていて弱気な人は、自分が勝ち組になれるとはまったく思っていない。この感覚の違いは、体内でつくられる二つのホルモンによるものだ。一つは「優位性ホルモン」ともいうべきテストステロン。もう一つは、「ストレスホルモン」とも呼ばれ、ストレスを感じると分泌されるコルチゾールである。

ちなみにコルチゾールは副腎皮質でつくられ、血液の流れとともに脳に運ばれ、外界からのストレスに反応して行動を起こすべく神経細胞遺伝子を活性化させる。こうしてすばやく外界に適応することで、人間の順応力は進化していった。

自信をもてるようになる「高パワーポーズ」のススメ

エイミー・カディの研究によると、優位性の強い人、特にリーダー的立場の人は、テストステロンが多くコルチゾールが少ないという。つまり、そうした人は統率力があって決然としているだけでなく、ストレスを感じにくいということだ。だから困難な場面でも平静を保ち、リラックスしていられる。カディはさらに調査を進めた。

彼女はこれまでの研究をもとに、「姿勢を変えることで体内のホルモン分泌量が変化するかどうか」をつきとめようとしたのだ。

実験の方法はこうだ。まず一つ目の被験者グループに一分間ずつ二つの「高パワーポーズ」をとってもらう。どちらのポーズも身体を大きく広げて、ひじを張り、自分の縄張りを確保するポーズだ。

さらに、別のグループには同じく一分間ずつ二つの「低パワーポーズ」をとってもらった。

肩を落とし、顔をうつむかせ、なるべく小さくなってスペースをとらないようにする。

両グループの唾液を検査したところ、驚くべきことがわかった。**一つ目のグループでは、たった一分間ポーズをとっただけで、テストステロンの分泌量がおよそ二〇パーセントも上がっていたのだ！**　しかもストレスホルモンであるコルチゾールの分泌量は二五パーセントも減少している。

一方、二つ目のグループはというと、テストステロンは一〇パーセント減、コルチゾールは一五パーセント増という結果になった。さらに、計二分間ポーズをとった後に全員にギャンブル・ゲームをしてもらったところ、こんなことがわかった。

高パワーポーズをとった人たちはリスクを恐れにくく、ストレスを感じにくいだけでなく、自分のことを「パワフルで強い」と感じていた。

たった二分ポーズをとっただけで！　これこそまさに、身体言語が思考を変えることの証明にほかならないだろう。

[高パワーポーズ]

身体を大きく広げて自分の縄張りを確保するポーズ

[低パワーポーズ]

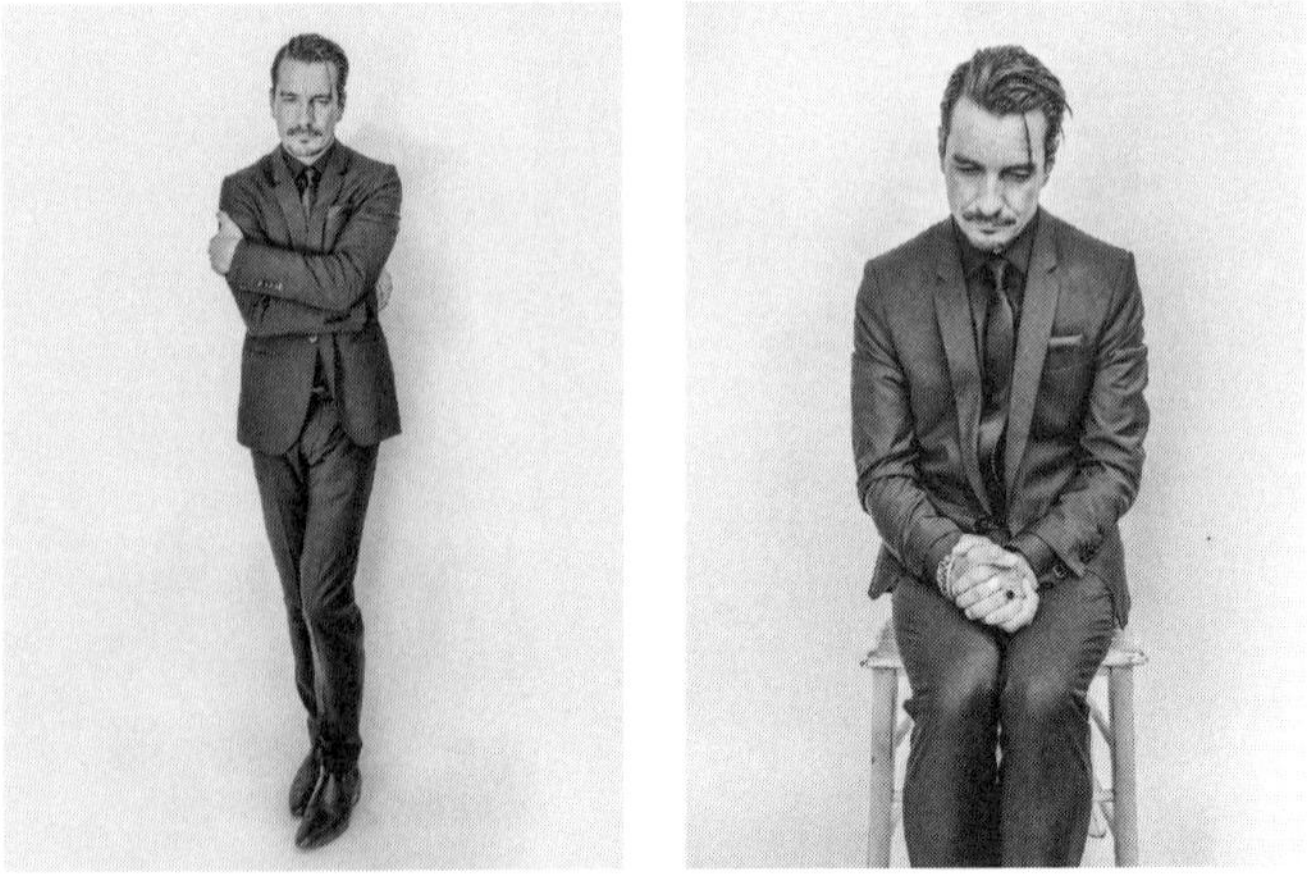

肩を落としたり、顔をうつむかせたりして、小さくなるポーズ

高パワーポーズで、上司からの評価も上がる!?

このことは、日常的な場面からも証明できる。

たとえば、上司との大事な面談の直前、あなたは何をするだろうか？　自分のデスクにぼんやりと座って、緊張でそわそわしながらパソコンを眺める？　要点をまとめたメモを見直す？

いずれにしても、そのときのあなたは身体を小さくして、視線を下に向け、まるでネズミの巣穴に逃げ込むみたいにぎゅっと縮こまった姿勢をとっているのではないだろうか？　これでは高パワーポーズとはほど遠い。

そしてエイミー・カディのさらなる研究によれば、**こういう場面でこそ高パワーポーズをとることがじつに効果的なのだ。**

カディはこんな実験を行った。二つの被験者グループにとても厳しい面接を受けてもらう。面接官にはあらかじめ「何の反応も示さないように」と指示しておく。うなずくこともしなければ、励ますようなジェスチャーもしない。かといって相手を拒絶するような姿勢もとらない。とにかく反応をゼロにしてもらうのだ。

これは被験者にとって、大きなストレスがかかる。たとえ否定的な反応でも、まったく反応がないよりははるかにましだからだ。こうした条件で一人五分ずつ面接を行い、その様子をビデオに録画した。

じつはこのとき、一つ目のグループには面接直前に高パワーポーズをとってもらい、もう一つのグループには何もせずに面接に臨んでもらっていた。

その後、録画したビデオ映像を、「自分が面接官だったら採用するか」を基準に、新たな第三のグループに見せて評価をしてもらった。

その結果、**事前にパワーポーズをとったグループは何もしなかったグループよりも明らかに評価が高かったのだ！**

ここで、僕のお気に入りの法則を思い出してほしい。

そう、「すべての力は自分の内面から生じる」というあれだ。身体言語は思考に影響を及ぼす。するとその**思考は、今度は感情を左右する。感情は行動を左右し、行動は成功を左右する。**

「ポーズで自分をだまして自信を深めるなんて、そんなのただの見せかけだ、間違っている！」そう考える人もいるかもしれない。

だが、そうではない。せっかくの効果的な手を利用しないほうが、はるかに「間違い」なのではないか。

正しいかどうかの判断基準は、あくまでも「効果があるかないか」ではないだろうか。だから、**あるメソッドが望んだ通りの効果をもたらすのなら、そのメソッドはけっして間違いではない。**

それに、ポーズや姿勢で自信を深めるというこの方法は、誰にも迷惑をかけず、誰の思想を操るものでもない。ただ、あなた自身がほんの少し生きやすくなる、それだけの話だ。

だからぜひ、この高パワーポーズを試してみてほしい。たった二分でいい。それだけの時間を割く価値は十分にある。

第3章

本音を見抜くワザ❷

相手とあなたの「距離」を見よ！

彼女がわずか八〇センチの距離まで近づいてきたワケ

ある日のショーでのことだ。僕は舞台に立ち、観客の中から協力してくれる人を一人選び、舞台に上がってもらった。この日は女性で、僕は彼女から六、七メートル離れた位置に立ち、こう声をかけた。「そこから僕に向かって歩いてきてください。好きなところでストップして」。そして相手が歩き出したら、心の中で「**止まれ！**」と強く念じた。これまでこの実験に参加してくれた人は、**誰もが例外なく、僕からおよそ二・五メートルの位置で立ち止まった。**手を伸ばしても相手には届かない距離だ。

はたして、その日の彼女も例外ではなかった。

僕はこちらを見やる女性に微笑《ほほえ》み返すと、ストップした位置についても何もコメントせず、言葉を続けた。「では、一度もとの位置まで戻って。それからまた同じように僕のほうに歩いてきてください。今回も好きなところで立ち止まってくださいね」。こうしてもう一度同じことを繰り返すのだが、今度は心の中で「**もっと近くに来い！**」と念じる。

すると何が起こるか、おわかりだろうか？　そう、女性はまるで魔法にかかったように、僕からおよそ八〇センチのところまで来たのだ。この距離なら互いに手が届く。

この違いはどこから来るのか？　なぜ彼女は一回目には距離をとり、二回目は距離をつめてきたのか？

ここで役立つのが、僕がこれまで呪文のように繰り返してきた、二つの法則だ。**「境界など存在しない」**、**「すべての力は自分の内面から生じる」**。

まず「境界など存在しない」とは、異なる視点を受け入れるということだ。宇宙は無限だし、時間もそうだろう。数もまた無限に存在する。境界（＝限界）のない領域というのはたしかに存在するのだ。同じように思考においても、僕たちは限界をすべて取り払い、ありとあらゆることを想像できる。

次に、「すべての力は自分の内面から生じる」。この法則は一見すると、最初に紹介したショーでの出来事とは矛盾するように思えるだろう。あの観客の女性は、僕が「止まれ」と心の中で命じたから止まった。つまり外側からの力に影響されたということではないのか？

いいや、僕の考えではそうではない。この「距離ゲーム」は、あなたの思考がいかにあなたの身体に出てしまうかをみごとに示している。あの女性は意識して考えることもなく、自然と僕の身体言語を読み解き、「正しい」行動をとったのだ。僕がどの位置で立ち止まってほしいと思っているかを、無意識のうちに感じ取ったのである。

この**「どう動くか」という意識を他人の中に呼び起こす力を、あなたも僕と同じように手にできる。**それはつまり、自分の心の状態についても、自由にコントロールできるということなのだ。

なぜ、観客の腕が上がらなくなったのか？

僕はショーの中で、観客の腕が上がらなくなるように「暗示」をかけることがある。すると、その人は本当に腕を上げられなくなるのだ。暗示とは、他人の思考を直接無意識に流し込む技法で、ＣＭなどでよく使われる。そうして流し込まれた思考は、その人の身体に影響を与える。

その仕組みはこうだ。**暗示のメッセージを、まず頭の中で具体的に考える。するとそれが、身体言語となって外の世界に表れる。そして、相手はそれを完璧に読み解き、その通りの行動をするのだ。**メッセージは言葉で伝えてもいいが、身体を介して発信することもできるのだ。

あなたにも、それは可能だ。

ただし、どんなメッセージを発するにせよ、それは必ずあなたの内側、あなたの思考の中から湧き出たものでないといけない。この内なる思考こそが、とても強力なパワーをもっているのだ。

僕たちはさまざまな場面で、自分に対する他人の行動をかなりの部分コントロールできる。相手に対して内心「このまぬけめ！」と思っている場合と、「いい人だなぁ」と感じている場合では、向こうのこちらに対する行動は変わる。しかもすばらしいことに、しぐさの解読方法を相手に学んでもらう必要は一切ない。**なぜなら人間は誰もが、そうしたしぐさを自然と読み取れるからだ。**

先ほどの「距離ゲーム」はあなたも実践できる。ただじつは僕も、その仕組みをうまく説明できない。心の中で「止まれ！」とか「もっと近くに！」と念じているときに、自分がどんな表情や姿勢をしているのか、僕自身にもよくわからないのだ。

ただし僕の身体に何かが表れていることは間違いない。そうでなければ相手が思い通りに反応するはずがないからだ。一方、相手のほうも自分の行動を説明できないだろう。彼らはただ自分の内なる命令に従っただけなのだから。

バスで近くに人を座らせない方法

この「距離ゲーム」は路上や建物内、バスや電車など公共の場でうまく応用することができる。つまり、周囲の人があなたにどれくらい近寄ってもいいかを、あなた自身が決められるのだ。たとえばバスの座席に座っているとき、隣の席が空いていたとしよう。そこに誰にも座ってほしくない場合は、身体を大きく広げてたっぷりスペースをとって座り、自分のテリトリーを広く確保するといい。隣の席に上着やかばんなどの所有物を置くことで、自分のテリトリーだと示すのも有効だろう。これは**「その人の所有物が置かれていれば、その場所はその人のもの」**という暗黙のルールによるものだ。

このシグナルはけっしておろそかにはできない。たとえばリゾート地ではしばしば寝椅子の争奪戦が繰り広げられるが、ここでもこのルールが適用されている。寝椅子にタオルが掛かっていれば、その寝椅子はタオルの持ち主のもの、というわけだ。

さらに、信じられないかもしれないが、電車の六人用座席を一人で独占することだって可能だ。座席内にすでに乗客がいても問題ない。ただ心の中で「どうか一人にしてくれ!」と強く思うだけでいい。その思いはあなたの身体に何らかの形で表れ、驚きの効果をもたらしてくれるだろう。

僕は舞台に立つ人間として、「純粋に驚きを味わってもらうため、エンターテインメントとして」こうした力を駆使している。かつて『ディー・ツァイト』紙の対談でジャーナリストのロガー・ヴィレムゼン氏がいみじくも指摘してくれた通りだ。人々に、驚きに満ちた世界にしばし立ち戻ってほしい――そのために僕は身体言語だけでなく、マジシャン時代に身につけた心理学や催眠といった手法も活用している。とにかく目の前の人たちを楽しい気分にさせたいのだ。

「四つの距離」を使いこなせ！

アメリカの文化人類学者で異文化コミュニケーションの先駆者であるE・T・ホールは、空間の使い方とそれにともなう非言語の身体シグナルの研究に、六〇年代にいち早く取り組んだ研究者の一人である。彼の理論によれば、「距離」のとり方はコミュニケーション能力や相手との親密度に大いに関係している（これを研究するのが「近接学」という学問だ）。人々は距離のとり方によってさまざまな身体シグナルを発しており、それによって自分のテリトリーを示して安全ゾーンを確保している。

ホールは他人に対する距離のとり方を、以下の四つの距離ゾーンに分けて説明した。

1. 密接距離
2. 個体距離
3. 社会距離
4. 公共距離

まず、**「密接距離」**は、パートナーや両親、子ども、親しい友人など、**信頼のおける近しい相手のみに入ることの許されるゾーンである。**ドイツではこの距離はおよそ五〇センチメートルといわれるが、これは文化や国によって大きく違う。一般的に北ヨーロッパにおける密接距離は南ヨーロッパよりも大きいようだ。南ヨーロッパの人たちは話すときも距離が近い。ドイツでは腕一本分ほどの距離をとって会話するのが普通だが、もっと南の地中海地域の国々では、その距離はひじ下の長さにまで縮まる。

親しくない人間がこの密接距離に入ってくると、僕たちは無意識のうちにあとずさって距離をとろうとする。相手が一歩近づけば、こちらもさらに一歩下がる。

一度、ショーで南欧出身の観客に舞台に上がってもらったことがあった。この人は話している間つねにぐいぐい近寄ってくる。僕の北ヨーロッパ的距離感からすると、どうにも居心地が悪い。当時の僕はまだ近接学についてよく知らなかったのだが、やはり一歩また一歩とあとずさった。あのときは、もう少しで舞台から落ちるところだった。

しかし、いつでもそうして距離をとれるとはかぎらない。満員のバスや電車、ロックコンサートのような混み合ったイベント、満員のエレベーターなどでは、密接距離を他人に侵されても耐えるしかない。これはときに、たまらなく不快だ。後ろに立つ男性の息が首にかかったり、前にいる女性の香水がきつすぎたり、隣の人と脚がぶつかったりする。こうも近い距離に見知らぬ他人がいると、僕たちはとても嫌な気分になる。不安を覚え、ときには身の危険さえ感じるのだ。「これじゃスリにあっても気づかない」とか「この人、わざと身体を密着させてない？」などと考えてしまう。

こういった場面では、多くの人は身体をこわばらせて身動きを止め、筋肉を緊張させる。そして、どこか遠くの一点をじっと見つめることで、他人と目が合うのを避けようと努める。ずっと家にこもってでもいないかぎり、人はそうやって不快な距離を我慢するしかないのだ。こういう場合は、心の中でどんなに「離れろ！」と念じても効果はない。なにしろ物理的に離れようがないのだから。

だが、それでも「すべての力は自分の内面から生じる」というあの法則は健在だ。心の中でこう考えるといい。**「今は人混みの中にいるのだから、他人に近寄られるのは当然だ。何も問題ない」**。これで、その余裕はあなたの外面にも何らかの形でにじみ出る。すると、周囲の人の行動もあまり厚かましくないものに変わってくるはずだ。他人にやけにじろじろ見られたり不必要に触られたりしたときも、同じように考えると効果的だろう。

では次に、四つのゾーンの二つ目**「個体距離」**を見ていこう。これは握手ができるほどの距離で、五〇センチから一・五メートルほどといわれる。**信頼のおける相手に許される距離だが、ある程度スペースがあるので、意図せず身体が触れ合うことはない。**

夫婦や恋人同士でパーティーに出席する場合、二人の距離はちょうどこれくらいになる。パーティーは公の場なので、ある程度の距離が保たれるのだ（パーティーが終わるころにはそのかぎりではないが）。**仮に見知らぬ異性がこのゾーンに許可なく侵入してきたら、それは腹立たしい行為とみなされる。**少なくとも、自分のパートナーへのそうした接近を脅威に感じる人にとっては。

三つ目の**「社会距離」**はおよそ一・五～四メートル。これは手を伸ばしても相手に触れられない距離である。店の店員や家の修理に来てくれた職人、デスク越しの上司などに対して、僕たちはだいたいこれくらいの距離をとる。

このゾーンはもっぱら事務的なやりとりを行うためのものだ。だからもし**上司があなたの肩をぽんと叩《たた》いたら、それは上司がゾーン3の「社会距離」からゾーン2の「個体距離」へと踏み入ってきたことを意味する。**そしてこちらは、それを受け入れざるをえないわけだ。

最後に、四つ目の**「公共距離」**。これは四〜八メートルほどのゾーンで、**一対一の関係性はまったく存在しない。**誰もがばらばらに行動している。ショーでの僕と観客との距離がまさにこれにあたる。そして僕は、この境界を消し去ってみせるのが大好きだ。ショーの中で僕は意識的にこの境界を破り、相手の「社会距離」や「個体距離」、ときには「密接距離」にまで入り込んでみせる。

また例の「距離ゲーム」のように、「ここまで来てもOK」という境界をこちらから相手に示すことも可能だ。「止まれ！」と念じれば相手は社会距離ゾーンに留まるし、「もっと近くに！」と念じればより親密なゾーンに引き寄せることができる。たとえその日初めて出会った相手でも、やろうと思えば「密接距離」にまで引き寄せることが可能だ。

距離に対する感覚は、「目線」を意識的に使うことで、ある程度コントロールできる。たとえば、あなたがカフェに座っていたとしよう。店内はほぼ満席で、唯一あなたのテーブルの椅子が一つだけ空いている。そこに誰かが近づいてきて、こう尋ねた。「ここ、よろしいですか?」。このとき相手が視線を下げたら、あなたはこころよく相席を了承するだろう。なぜなら、その視線によって相手は「あなたのテリトリーに入ってしまって申し訳ありません」というメッセージを発しているからだ。これこそポジティブな非言語コミュニケーションといえるだろう。

第4章

「しぐさ」で嘘を見抜く方法

嘘は「しぐさ」に表れる！

「殺人事件だ！」――僕のショーでのお気に入りゲームは、舞台袖からのこんなかけ声で始まる。このゲームでは五人の観客にそれぞれ殺人犯、被害者、目撃者、愛人（犯行の動機と関わりがありそうだ）、それにミステリーに欠かせない庭師という五つの役を演じてもらう。

僕と客席のお客さんは、誰がどの役を演じているかを推理する。ゲームに参加している五人は、賞金のために嘘《うそ》をついて僕の推理を攪乱《かくらん》しようとする。普通のミステリーのように庭師が犯人で即解決、とはいかない。

嘘――。僕はそれを知り尽くしている。なにしろ長年マジシャンをやってきたのだ。マジックというのは、どんな演目もつきつめれば「嘘」なのだ。

嘘を見破るのはとても難しい。ほぼ不可能なことも多いだろう。だが、意外と見逃されがちな事実だが、うまく嘘をつくことも、じつはそう簡単ではない。誰かを欺くには、それらしい表情をつくりながらしゃべらなくてはならない。一方、本当のことを言うときは単に事実を思い出せばいいので、そんなに複雑ではないはずだ。

嘘をつくとき、僕たちはたいてい自分の身振りに気を配り、意識してコントロールしようとする。嘘が見抜かれないように、どう手を動かせば怪しく見えないか、アイコンタクトの長さはどれくらいがいいか、いろいろと考える。すると身体言語には何らかの変化が生じる。そして聞き手は、身体言語と実際に話された言葉とが食い違っていると、本能的にそれに気づくものなのだ。

一〇〇パーセント嘘を見抜ける確実なサインは存在しない。だが参考になるヒントならある。**嘘を見抜くときに注目すべきは、あらゆる「しぐさ」だ。身体だけでなく、話すテンポや声の調子、言葉の選び方なども重要なポイントとなる。**微妙な違いを読み取ってほしい。もちろん、誰かの嘘を見破ろうとするときは、その人の普段のしゃべり方などを先に知っておく必要がある。専門用語で言うところの「ベースライン」（61ページ参照）だ。これを判断の基準にしよう。相手の身体言語がこのベースラインからそれたら、注目をする必要がある。その人には「何か」が起こっている。ひょっとしたら、嘘をついているのかもしれない。

嘘を見抜く力を身につけたければ、まずは相手の話を注意深く聞いてみよう。

相手の口調に何か変化はないか？

声の高低がめまぐるしく変わっていないか？

話すテンポは速いか、遅いか？

急に咳払《せき》いが増えてはいないか？

こうした現象はどれも、相手の心の中で何かが変化したことを示すサインだ。

たとえば、若い男の子が親に「夜一一時には必ず家にいるよ。約束する！」と言うのを聞いたとしよう。このとき、先ほどのサインがどれか一つでも聞こえたら、この若者が約束を守るかどうかは疑わしいところだ。

もう一つ例を挙げよう。友人をパーティーに誘ったら、残念だけど行けないと断られてしまった。だが、もし友人が答える直前に咳払いをし、少しどもったとしたら、どうだろう？

「ああ、えーと……（咳払い）今日はちょっと体調が悪くて、その……」

これはどうも怪しい気がする。

たしかに、こうしたサインはどれも確実なものではない。相手が嘘などついていないことだってあるだろう。ただ僕にとっては、これらは少なくとも警告のシグナルだ。これが耳に入ったら、より注意深く耳をすますことにしている。

左手で唇を触ったら嘘のサイン

また、**嘘をついている人は普段より笑顔が増え、自分に触れる回数が多くなる。特に、鼻と口を触る人が多い。**まるでたった今発した言葉を口の中に押し戻したいとでもいうように、唇に触れるしぐさが見られる。ちなみに、**このしぐさはほぼ例外なく左手で行われる。**その人が右利きでも左利きでも関係ない。なぜかは僕もよくわからないのだが、ショーで数えきれないほど見てきたのでたしかな話だ。

嘘をつくときに唇に触れるのは緊張のためだろう。ただ、この行動は不安を表している場合もある。すでに何度も出てきた心理学者のポール・エクマンは、こう書いている。**「自分の言うことを信じてもらえないのではないかという不安と、嘘がばれるのではという不安は、見た目上まったく同じである」**

嘘をつくときに「増える」あるものとは？

「僕がクリスマス用に買ったヌガーは、どこにいったんだ？」。毎年クリスマス時期になると、僕は必ずこの質問を口にする。ハーフェナー家の恒例行事だ。僕がヌガーを買っておくと、家族のうちの誰かがそれを僕に見えないように食べる。僕はそれが誰かを当てるのだ。今ではすっかりクリスマスに欠かせないゲームである。

では、僕はどうやってヌガーを食べた犯人をつきとめるのか？　たいていは口もとを見ればすぐわかる。口がぴくぴくしているから？　いや、違う。もっとずっと単純な理由だ。犯人の口には、ヌガーの残りかすがついている！　もちろん、これだって立派な身体言語だ。

さらに、誰かがヌガーよりもっと大事なものをこっそり食べてしまったとしよう。その罪悪感は、感情面でストレスとなる。すると、それは身体にも緊張という形で表れる。**心の中で緊張していると、身体のどこかも同じく緊張してしまう。**

イギリスの行動学研究者デズモンド・モリスは著書『マンウォッチング――人間の行動学』（小学館）で次のような実験を紹介している。新米の看護師たちに「患者に嘘をつく能力を試す」という名目で嘘の話をさせた。すると看護師全員が、嘘をつくときにある共通のサインを示したのだ。本当のことを言っているときはまったく見られない特徴だった。そのサインを以下に紹介しよう。ポイントは「**増える**」だ。

- **手の動きが増える**
- **自分の顔に触る回数が増える**
- **椅子の上で座り直す回数が増える**
- **肩をすくめる回数が増える**

ビル・クリントンは「モニカ・ルインスキーと性的関係にあったのか」と問われたとき、二十六回も自分の鼻に触れたという。「ピノキオ効果」とも呼ばれるこのしぐさを科学的に研究したのが、アメリカの精神科医アラン・ヒルシュとチャールズ・ウォルフだ。彼らの研究によれば、**嘘をつくと僕たちの身体にはあるホルモンが放出される。その作用によって鼻周辺の血行がよくなり、かゆくなるのだ！** これは子どもでも同じである。

逆に**「減る」ものもある。言葉だ。**イギリスの心理学者でプロのマジシャンとしての経歴ももつリチャード・ワイズマンは、別の「嘘のサイン」を発見した。**嘘をついている人は言葉数が少なく、一方で不自然に細かいことを「覚えて」いるのだ。**これに対して真実を言っている人は、言葉を尽くして説明をするが、覚えていないことは素直にそう言う。

ところで、**「嘘をつくとまっすぐ相手の目を見られず、視線をそらしてしまう」とよく言うが、あれは間違いだ。それどころか本当はむしろ逆である！** 思考をめぐらし考えを言葉にするとき、僕たちは普通頻繁に視線をさまよわせる。ところが、嘘をついている人は前もって言うべきことを準備しているため、視線をさまよわせて考える必要がないのだ。

事実、相手の目をまっすぐに見ながら嘘をつくことはとても簡単だ。実際にやってみればわかる。パートナーの目をじっと見つめながら、こう言ってみよう。「エッフェル塔はロンドンにあるんだよ」。あるいは「お義母《かあ》さまがうちに来てくれたらうれしいわ」とか、「これ、ずっと欲しかったんだ」でもいい。おそらく、すんなり嘘がつけたことだろう。

三人のうち嘘をついたのは誰？

少し前のこと、僕は自分のｉＰａｄの画面に大きな傷がついているのを見つけた。自分ではまったく覚えがないし、妻は自分のｉＰａｄを持っている。おそらく三人の子どもたちのうちの誰かの仕業《しわざ》だろうと思われた。だが、どの子だろう？　そこで僕は子どもたちを呼び集めて、ｉＰａｄの傷を見せ、「最後にこれを使ったのは誰だい？」と尋ねてみた。誰も答えない。まあ、そうだろうとは思っていた。

そこで僕は作戦を変えることにした。**嘘をついている子を見つけたければ、必ずしも「誰が嘘をついているか」を見つける必要はない。嘘をついていない子を見つければいいのだ。**あのシャーロック・ホームズも同じ手を使っている。

三人の子どもは一列に並んでいる。完璧な状況だ！　三人のうち二人は本当のことを、一人は嘘を言っている。

そこで僕は一人ずつ順番に「ｉＰａｄに傷をつけたのはお前かい？」と尋ねていった。このとき、**僕が特に注意して観察していたのは——質問されていない、ほかの二人の様子だ！**　今まさに質問されている子は、意識を集中させ、身体言語にも気をつかう。だが、ほかの子が質問されている間は、注目されていないだろうと油断してしまう。だから身体言語にもいろいろなヒントが表れるのだ。僕はそっとほかの二人を観察した。注目すべきは、**「興味がある」**ことを示す身体サインだ。嘘をついている子は、ほかの子がどう答えるかにまったく興味を示さない。なぜなら、その子が嘘をついていないと知っているからだ。それよりも自分が嘘をつき通せるか不安でプレッシャーを感じている。

一方、本当のことを言っている子は、そうしたプレッシャーがまったくない。むしろほかの子がどう答えるか、どんなふうに嘘をつくかを興味津々で見守っている。

僕の観察の結果、**三人のうち二人は「気になってしかたがない」という様子を見せていた。身を乗り出して、顔をそちらに向けて、ほかの子の答えをじっと聞いている。ただ一人だけ、そうでない子がいた。ビンゴだ！**

子どもが嘘をつく本当の理由

ところで、子どもはなぜ嘘をつくのだろう？　カナダのブロック大学の心理学者アンジェラ・D・エバンズとカン・リーが二〇一三年に行った研究によれば、子どもは二歳を過ぎるころから嘘の話をするようになる。さらに三歳になるころには、この行動はかなり頻繁になるという。

ただし、これくらいの年齢の子どもたちは、まだ嘘をつき通すことができない。あまり深くまで考えが至らず、すぐに嘘がばれてしまったり、唐突に自分から本当のことを言ってしまったりする。これは別に小さな子どもが正直だからではない。人をだましたり嘘をついたりするには、子どもの脳は未熟すぎるのだ。言い換えれば、嘘の「クオリティ」がまだまだ低いということでもある。

エバンズとリーはこの研究結果を裏づけるため、次のような実験を考案した。対象となったのは二歳から四歳までの子ども六十五人だ。子どもたちの後ろに音が出るぬいぐるみを置き、「後ろのぬいぐるみを見てはいけないよ」と言っておく。

ところが実験者がよそ見をしたすきに、八〇パーセントの子どもが後ろを振り向いた。その後、「今後ろを見なかったかい?」と聞いたところ、二歳ではおよそ二五パーセント、四歳ではじつに九〇パーセントの子どもが「見ていない」と嘘をついたのだ。なぜわかるかというと、見ていないはずのぬいぐるみの見た目をとても細かく描写できたからである。

七、八歳になると、子どもの嘘には二~四歳のころにはなかった新たな次元が加わる。これは認知能力が発達してきたためだ。この年齢の子どもは他人の視点を理解できるようになる。

そのため、自分の嘘が相手からどう見えるかを考えるようになるのだ。

ちなみに子どもが嘘をつく理由は、大人とそう変わらない。**まだ幼いうちは、もっぱら罰を免れるために嘘をつく。**だが年が上がるにつれて、子どもはもっと別の嘘も学んでいく。それが、**相手を傷つけないための嘘、そして相手に失礼にならないための嘘だ。**

カン・リーは二〇一二年、共同研究者のヴィクトリア・タルワールとともに行った研究で、この「礼儀による嘘」が三歳の子どもに見られることを発見した。実験で三歳の子どもに石鹸《せっけん》をプレゼントしたところ、子どもたちは明らかにそうは思っていないのに「とても気に入った」と答えたのだ。彼らは小さいながらも、礼儀正しく振る舞うべきだとわきまえていたのである。年が上がるにつれて、このような嘘をつける子どもの割合は上がっていく。

では、親は嘘をつかないのか？　僕たち親は「うちの子はすぐ嘘をついて」などと考えがちだが、自分のほうも親としてつねに正直とはいえないことを、ときに忘れてはいないだろうか？　次のような典型的な「親のセリフ」に覚えがある人は多いと思う。

「残さず食べないと、明日お天気にならないよ！」

「パパが初めてビールを飲んだのは二十歳になってからだ」

「私がおまえくらいのころは、そんなこと考えもしなかったよ」

「iPad？　さあ、どこだろう。知らないな」

親愛なる親のみなさん。僕たち親がこうして子どもをだますのは、そのときなりの理由があってのことだろう。それがつねに愛ゆえであることを、僕としては強く願っている。だがいずれにしても、自分たち親が子どもより正直だなどと嘘をつくのはやめたほうがいい。

第5章

恋の暗号❶

相手があなたを好きか見分ける方法

些細な点にこそ意識を向けろ！

「象のお母さんには二頭の子どもがいます。ジェイソンとケビンです。お母さん象の名前は何！」

このなぞなぞを、もう一度よく読んで考えてみてほしい。小難しい知識など必要ない。ヒントはすべてこの三文の中に書かれている。どうだろう、おわかりだろうか？

これは「予想」と「慣れ」、そしてその結果引き起こされる「知覚」を利用した、ひっかけ問題だ。

文の最後をよく見てほしい。文末にあるのは「?」ではなく「!」だ。つまりこの文は、僕らの予想に反して、質問ではないのだ。そう考えて文字通り読めば、お母さん象の名前は「何」である。

まあたしかに、一般的な名前ではないし、素敵な名前ともいいがたい、それは認めよう。だが、大事なのはそこではない。**重要なのは、こうした些細《ささい》な点にいかに意識を向けるかだ。**このなぞなぞと同じように、身体言語とボディー・リーディングでは、すべてのヒントは目の前にある。相手は自分の本心をあらゆるシグナルによってあなたに伝えているのだ。あとはあなたが、**どこに「注目すべきか」を知るだけでいい。**そうすれば相手の心を読むことはずっと簡単になる。

あなたもおそらく先ほどのなぞなぞで、三文目を質問文だと勘違いしたと思う。それは、あなたの経験のせいだ。僕たちが体験し知覚することは、かなりの部分が自分のこれまでの経験と、そこから導き出される推測とに左右される。人間は誰もがそうした自分なりの「型」をもっていて、それを通して世界を見ているのだ。この型はすばやく何かを把握するにはとても役に立つが、場合によっては細かい点を認識するのを妨げてしまう。

そしてこの細かい点が、ときにとても重要なのだ。人間は自分の経験に合致したものを知覚し、そうでないものは見逃してしまう。僕たちはいわば自分自身の慣れ、すなわち頭の中の型に振り回されているわけだ。この罠《わな》に陥らないよう、僕は折にふれて自分の身体言語読解力をトレーニングするよう心がけている。これからお話しするのも、そんなある夜のことだ。

彼女が髪の毛ばかり触っているのは、なぜ？

金曜日の夜。時刻は八時を回ったところだった。僕はミュンヘンのお気に入りレストランのいつものテーブルに座り、スマートフォンを機内モードに切り替える。レストランというのは、感覚を研ぎ澄ましてボディー・リーディングの腕を磨くのにぴったりの場所だ。僕が今夜ここを訪れたのも、そのためだった。**「読心術を学ぶにはどうすればいいでしょう?」**とこれまで何度となく聞かれてきたものだが、答えは簡単だ。**どこかレストランに入って、スマートフォンをしまえばいい。そして店内を見回して、ほかの客をよく観察するのだ。**

人々はどう動き、どう挨拶を交わしているか。お互いをちゃんと見ているか、それとも目が合っていないか。

あの男性はなぜ、あごの傷跡に絶えず手をやっているのだろう? あの傷は子どものころに三輪車で転んだのか、それとも誰かを助けるために窓ガラスを割ったときに負った傷か……。

あちらの女性がひっきりなしに髪の毛をいじっている理由は? 相手の話が退屈なのだろうか? いや、もしかしたら美容院に行き損ねて気まずく思っているのかもしれない——。

こんなふうに、犯人を追う探偵さながらに手がかりを探してみる。すると、今まで見えなかった多くのものが見えてくるはずだ。これをするのは、僕にとって抑えがたい欲求だ。**僕はどうしても周囲の人を観察し、その身振りや表情の非言語サインを読み解かずにはいられないのだ。**それらを解釈したいという欲求には、もはや魔法のような強制力さえ感じる。

観察者でありボディー・リーダーである僕は、人々が互いにどう接し、どうつき合っているかを読み取ろうとする。すばらしいのは、それによって僕の知覚力がさらに磨かれていくということだ。ちょうど通訳者のように、ある案件をうまくやれれば、次の案件ではもっと力を発揮できる。ここでいう「力」とは、直感力や、状況を読む鋭敏な感覚、それに広い視野だ。これらの能力はどれもコミュニケーションにまつわる場面で必要なものばかりだ。特に、恋愛や男女関係が絡む場面では。

男女がつき合っているかどうかを一瞬で見分ける方法

料理の注文も済ませないうちから、僕はさっそく周囲に目を走らせ、仕事にかかった。僕の右手には一組のカップルが座っている。年齢は三十代前半から半ばか。

きっと、まだ知り合ってそう長くはない。互いに相手に興味深げな視線を向けているし、距離のつめ方も慎重だからだ。女性はワイングラスを持つ男性の手をじっと観察している。それに加えて、ときおり相手の顔をまっすぐに見てアイコンタクトを確かめていた。**口角も下がっていないし、批判的なサインはどこにも見られない。**どうやら彼女は目の前の人物を気に入っているようだ。

一方、男性のほうも、女性の魅力的な胸もとにうかつに目をやったりはしない。彼女との関係を台無しにするようなミスはなんとしても避けたいのだ。たしかに、こんな素敵な女性にはそうそう巡り合えないだろう。彼らはまだ正式につき合ってはいない。だが、今夜を境に二人の関係は変わるかもしれない。

それにしてもこの二人、どうやって知り合ったのだろう？　男性はスニーカーにジーンズを履き、流行《はや》りのスタイルの白シャツに身体にぴったり合ったダークブルーのジャケットを羽織っている。女性は多少ヒールのあるエレガントな靴に、黒いスカート、同じく黒のブラウス。ジャケットがよく似合っている。二人とも非常におしゃれだ。身体言語のプロでなくとも、この二人が外見的にお似合いのカップルであることはすぐわかる。

おそらく、二人がデートするのは今日が初めてではない。初めてにしては緊張していない。緊張を表す「しぐさ」であるナプキンや服の裾をいじる動作も見られないからだ。笑い方もごく自然で無理がなく、ある程度の親密さが感じられる。きっと友人のパーティーか何かで出会って、意気投合したのだろう。

二人は何事かを楽しげに語り合っている。最近の映画の話題か、中国建築に見られる弓形の屋根の話か、エジプトの海でのスキューバ体験か、それはわからない。いずれにせよ、僕にとって興味があるのは実際の話の内容ではなかった。彼らの身体が語る言葉に、僕は意識を集中する。

ところで、なぜ僕はこの二人がまだつき合っていないと判断したのか？　彼らはまだキスもしていない。これは賭けてもいい。なぜそれがわかるのかというと、**つき合っているにしては二人の物理的な距離が遠すぎるからだ。彼らは互いに触れてもいない。女性はワイングラスに手を伸ばすとき、男性の手に触れないよう気をつけていたし、脚を組むときもテーブルの下に目をやって、つま先やひざが相手に触れないよう注意していた。**

すでに一夜を共にしたカップルの場合、こうはならない。そうした男女は相手に「寄り添い」たがる。どんなに身体を接触させてもまだ足りない、というように。一瞬でも相手に触れていないと、まるで禁断症状のようにつらく感じるのだ。

この二人にはそうした様子はまったく見られない。だが、僕は確信していた。二人に向かってにっこりうなずき、こう語りかけたいくらいだ。「二人の旅路がどうなるか、まだわからないのですね。でも大丈夫、僕には見えますよ……」

相手の「足」を見れば、あなたを好きかわかる

僕のために運ばれてきたばかりの野菜ラザニアが目の前で湯気を立てている。僕はふと左に目をやった。こちらにも男女が一組座っている。男性は三十歳後半、女性はもう少し若そうだ。こちらの二人もまだつき合ってはいない。そして、**今後もつき合うことはけっしてないだろう**

と思われた。

男性は九〇年代には流行最先端であっただろうブルーのジャケットを着ている。タック入りのスラックスもその時代の遺物だろう。一方、女性のファッションはまったくタイプが違った。レザーのロングブーツにスキニージーンズ、それに身体にぴったり合ったセーターというスタイルだ。**二人のファッションがまったく合っていないのだ。**

男性の口もとに目をやった僕は、思わず女性に同情した。彼の口からは猛烈な勢いで絶え間なく言葉があふれ出ている。だが、あいにくその内容は彼女にとって興味をそそるものではないようだ。その証拠に、**女性は眉をぐっとつり上げている。これは明らかに危険信号だ！**　今すぐここから立ち去りたい、そんな感じである。

彼女はもはや相手の言葉を遮ろうとさえしていなかった。彼との間に見えない壁をつくって、ひたすらじっと耐えている。彼女の目を見ると、**その視線がだんだんと上に行くのがわかった。**見えない壁を上へ上へと積み上げているのだ。どうやらもっと高い壁が必要らしい。もし仮にお相手の男性にほんのひとかけらでも観察力があれば、とっくに口を閉じていただろう。そして女性が何を望んでいるかを悟り、店員に「お会計を」と声をかけていたはずだ。そうすれば彼女もようやく初めての（そして最後の）笑顔を見せてくれたことだろう。

ラザニアを食べながら僕は考える。なぜこんなにも似合いでない男女が、今夜こうしてデートする運びとなったのだろう？　しかもよりによって、僕のお気に入りのレストランで……。強制的なお見合いといった感じではなさそうだ。するとビジネス上の会合だろうか。いや、服装から見て、それはない。おそらくオンラインの出会い系サイトでのマッチングミスだろうと僕は見当をつけた。コンピューターが興味や関心の似た男女をマッチングする際に、何か手違いが生じたのだろう。

ブロッコリーをじっくり咀嚼《そしやく》しながら、僕は二組の男女をさらに細かく観察した。ボディー・リーディングでは、細かい点こそが非常に多くのことを教えてくれる。**注目すべきは「足」だ。人間は頭から遠い身体部位ほど意識がいかなくなり、ついつい本音が表れてしまうからだ。**

デートでは「ガラステーブル」のレストランを選びなさい

右側に座る未来の恋人たちを見ると、**女性も男性もつま先は相手のほうを向いている。これはよいサインだ。足は無意識のうちに、脳が興味を感じた方向に向く。**だから相手の足を見て「今にも出口に向かって駆け出しそう」という印象を受けるようでは、もはやおしまいだ。逃げることしか考えていない相手とお近づきになれるチャンスはほぼないからだ。

もしあなたが近々異性とデートする予定なら、ガラステーブルのレストランを選ぶといい。そうすれば、テーブルクロスをめくって相手の足を盗み見るような真似をしなくてすむ。

僕は続いて、左に座る希望のないカップルの足先チェックに移った。男性のつま先は女性のほうを向いている。まあ当然だろう。何しろ彼女はかなりの美人だ。

しかし、女性のつま先は男性とは少しばかり様子が違った。**女性は椅子の脚に内側から足を絡め、足首を引っかけている。これは明らかに逃げ出したいというサインだ。**

椅子の内側に足やつま先を引っ込めるのは、相手との距離を広げたいという気持ちの表れである。相手に陣地を明け渡して、文字通り後ろに退きたいのだ。つまり、座ったまま逃げ出そうと試みている。しかも、この女性の場合は足を椅子に絡めて動きを封じることで、実際にそんな失礼なことをしないように自分を戒めているのだ。かわいそうに！

テーブルクロスに遮られ、相手の男性はテーブルの下を見ることはできない。でも、たとえガラステーブルだったとしても、彼は何も気づかないだろう。ましてやそれを自分の言語に「通訳」するなど夢のまた夢だ。この人が非言語サインを読むのが苦手なタイプであることは一目瞭然だった。相手の様子にまったく気づかず、自分ばかりに意識が向いている。

今や男性は大きな身振りを交えてエンジン全開でしゃべりながら、わずかに身を前に乗り出した。これは作戦としては別におかしなものではない。**誰かと近づきたければ、その人のテリトリーに入り込む必要がある。**すでにお話しした通り、自分の周辺スペースを上手に操ることは非言語コミュニケーションでは重要な鍵となるのだ。

ただ、この男性の場合、前に出るタイミングが悪すぎた。本来なら女性の側がオープンな姿勢をとるまでじっと待つべきだ。だが相手の女性は想像上の防御壁をどんどん高く築き上げて身を守ろうとしているから、身体を緊張させ、腕を胸の前で組んでいる。しかも足だけではなく手まで隠して、アイコンタクトもほとんどない。とても頑なな態度だ。自分の殻にこもっているようにすら見える。相手に一ミリの隙も見せず、ついには椅子ごと後ろに一歩下がった。

だが、男性はもちろん気づかない。これは僕だけでなく、彼女から見ても明らかに減点だった。後ろに下がったばかりか、彼女は男性の不躾《ぶしつけ》な振る舞いに対して、**腕を組んでぐっと後ろに身をそらしたのだ。この状況でこのしぐさはおそらく、この彼を除いてほぼ誰もが気づくであろう強烈な拒絶のシグナルだ。**これは自分の上半身を隠して触れられないようにする姿勢である。

上半身には命に関わる重要な臓器がつまっている。だから人間は危険やテリトリーへの侵入に直面すると、この部位を守ろうとするのだ。その行動は多くは本能的に、無意識のうちに行われる。この身体言語の意味は明らかだ。そこに込められたメッセージとは「あまり近くに来ないで！」である。

グラスを置く位置で、相手との距離を縮められる

一方、右側に座るスニーカーの彼も同じくお相手のテリトリーに入り込むべく動き出した。ただし、もっとさりげなく巧みなやり方で。**彼はワインを一口飲むと、そのグラスをもとの位置よりもほんの少し相手寄りに置いたのだ。**これは見過ごせない動きだ。明らかにテリトリー拡大を、もっといえば征服を目的とした一手である。女性のほうも、このわずかな変化にすぐに感づいた。そして彼の非言語メッセージに対して、先ほど左隣の席で見られたのとまったく同じジェスチャーで応答したのだ。そう、腕を組んで身体を後ろにそらす、あのしぐさである。

ただしこの文脈では、彼女のこの反応は先ほどとはまったく意味が異なってくる！　後ろに身をそらしたのは、単にリラックスしていて、彼と二人でいるのが心地よいからだ。女性は男性が始めた「ゲーム」に乗った。つまりこのジェスチャーは拒絶ではなく、**「近づいてもいいですよ」**という了承なのだ。

男性は何かを言ったあと、うなずいてみせた。女性も同じくうなずく。うまい手だ。もし**タ**

イミングよく一緒にうなずかせるような発言を彼が意図的に選んだのだとしたら、なかなかのやり手と言える。相手は無意識のうちにうなずいてしまうのだが、その効果はまたたく間にその人の思考に作用する。というのも、うなずきながら「ノー」と言うのは、じつはとても難しいからだ。

僕もよくこの現象をショーでうまく利用している。観客にカードを選んでもらうとき、こちらの望むカードを引かせたにもかかわらず、知らん顔でさりげなくうなずきながらこう尋ねるのだ。「そのカードはあなたが自由に選んだものですよね?」。すると相手はどうしても僕のうなずきにつられてうなずき返してしまう。だからほぼ決まって「はい」と肯定してくれるのだ。隣の席でも今まさに同じことが起こっていた。女性はにっこり微笑《ほほえ》み二回もうなずいている。

女性が男性よりも「手」を見る理由

うなずきのトリックに気をとられてしまったが、僕はそもそも手を見ようとしていたのだった。手は脳に近いため足よりもコントロールしやすいが、それも絶対ではない。女性は男性よりも会話中に人の手をよく見る傾向があるそうだが、それは大正解だ。

僕たちは、「手」で多くのことを語っている。そして、そのほとんどは無意識によるものだ。

もちろん、意識して行うこともできる。

たとえば誰かと話しているとき、手をわざと隠してみてほしい。テーブルの下、背中の後ろ、ポケット、どこでもいい。すると相手はあなたが何か隠し事をしているように感じ、不信感を覚えるはずだ（その人が僕の左隣の男性のように鈍くなければだが）。この彼はお相手が手を隠しているのに全然気づいていない）。だが、もちろんそうした不信感を与えるのがあなたの本意でなければ、手は隠さず見せておこう。それに手を使うことで、わかりづらい説明をジェスチャーでわかりやすく示すこともできる。

スニーカーの彼は万事うまくやっていた。女性のグラスが空になったのを見て、もう一杯どうかと尋ねている。僕には彼の声までは聞こえないが、その身振りからすぐに見て取れた。**開いた手のひらをワインの瓶に向けて差し出している。**彼女はすんなりと同意し、本日三回目のうなずきを見せた。

一方、左のテーブルでは、すでに終わりが見えていた。男性はパンをもう一皿頼むかどうか女性に尋ねているようだ。ただし、**拳を握って人差し指を立ててパン皿を指差している。**これはいただけない。**このように人差し指一本で何かを差すのは、まぎれもなく「上から目線」なしぐさだ。**ワンマンの上司ならまだしも、未来の恋人がとるべきしぐさではない。女性は首を振って相手の申し出を断った（しかもこの動作をすることによって、彼女の中での否定の気持ちはさらに強くなるのだ）。

さらに、ついには何かを払うように手を振るしぐさを見せて、パンについてもそれ以外についても「その気はない」ことを示している。今や彼女は椅子の上で絶えず身じろぎしていた。おそらく頭にある目的はただ一つ、「店から出ること」だ。

右側のテーブルでは相変わらず、スムーズにことが運んでいた。女性は笑みを浮かべてリラックスした様子を見せ、わずかに身を乗り出して彼との距離を縮めている。さらに、注《つ》ぎ足されたグラスからワインを一口飲み、そのグラスをもとの場所より少しだけ彼に近いところに置いた。相手のテリトリーに入り込み、距離をつめる動作だ。**ほとんど気づかないほどかすかに、彼女の人差し指がグラスの脚をなぞる。「このグラスがあなたならいいのに」という意思表示である。**だが、これはおそらく彼女自身も無意識だろう。

思考にふけっているうちに、僕の野菜ラザニアはすっかり冷めてしまっていた。だが、いいトレーニングになった。ふと左を見ると、オンライン・デート組に新たな動きがあった。どうやらお会計のようだ。男性が支払いをすませ、二人は席を立つ。ドアの前で手短に別れの挨拶を交わしたのち、二人は別々の方向へと去っていった。

一方、もう一組の男女はまだ席を立つ気配はない。二人の時間を楽しみながらデザートを味わっている。しばらく後、僕が店を出ようと彼らのテーブルの横を通り過ぎたときも、二人はこちらに気づきもしなかった。その瞳はただひたすらお互いだけを見つめていた。

「赤」のパワーを味方につけよう

チンパンジーのメスは排卵期を迎えると身体の一部が真っ赤になるという。メスからのこの身体シグナルに対して、オスのチンパンジーはマスターベーションをして交尾を求める。動物界のボディー・リーディングである。だがここではもちろん人間界でのボディー・リーディングについて見ていこう。

人間の身体言語において、「赤」という色が示す意味はじつに幅広い。熱や炎、情熱、セックス、怒りや攻撃性、それに生命力を意味することもある。

たとえば、**赤みがかった顔は青白い顔よりも健康的で魅力的に見える。**これは科学的にも証明されているし、人間の常識的な経験からもいえることだ。赤みがかった顔は、身体に十分血液が行き渡っていることを示している。ただし、恥ずかしさや怒りから顔が赤くなることもあるだろう。この場合、顔色は顔の表情と同じ役割を果たしていることになる。

ところで顔にある赤色といえば、一番目立つのは口だろう。ブリストル大学の心理学研究チームはある実験を行った。女性と男性の顔写真を編集ソフトで加工して、唇の赤みを強くしたのだ。これを被験者に見せたところ、**女性の顔については唇が赤いほうが「魅力的」とする人が多かった。ところが男性の場合は、唇が赤いことが逆にマイナスとなった。男性的でなく魅力に欠けると判断されたのだ。**男性の場合、唇を青みがかった色に補正すると評価が上がることがわかった。

赤はまさに魔法の色だ。**オリンピックのレスリングでも、赤いユニフォームの選手は青の選手よりも金メダル獲得率が高いことがわかっている。**ユニフォームの色はくじ引きで決めているにもかかわらずだ。イギリスのダラム大学の人類学者ラッセル・A・ヒルとロバート・A・バートンは、二〇〇四年オリンピックの際に四つの競技で調査を行っている。選手にくじ引きで赤か青のユニフォームを割り当て、戦績を調べたのだ。

結果はじつにはっきりしていた。ほぼすべての競技と階級で、赤いユニフォームの選手が勝利していたのである。ただし赤のパワーが発揮されるのは、選手同士の実力がほぼ同じ場合のみだった。つまり突出した実力者がいない状況ではじめて、ユニフォームの色がものを言うということだ。

さらに、赤のパワーは日常生活でも発揮される。オックスフォード大学の研究グループによれば、料理が赤いトレーで出されたり、皿自体が赤かったりすると、食欲が減退するという。ただしダイエット中の方は注意してほしい。赤い皿にトマトソース・パスタといった組み合わせでは、この効果は期待できない。料理と皿の色合いが同じだと、食欲の減退は起こらないのだそうだ。

服装についても、赤のもつ催眠術のような不思議な力は健在だ。**赤い服の女性ヒッチハイカーは高い確率で男性ドライバーに同乗させてもらえるし、同じく赤い服のウェイトレスは男性客から飛び抜けて多くチップをもらえる。**フランスの社会学者ニコラ・ゲガンの研究によれば、その額はなんと支払い金額の一五～二六パーセントにものぼったそうだ。ほかの色では、男性客がここまで気前よく振る舞うことはなかった。ただし、この効果は一対一のときしか見られない。複数人の場合は、赤の魔法も効力を失ってしまう。

しかも、女性が自分を魅力的に見せるには、赤い服を着るまでもない。**赤い壁の前に立つだけで、男性の目にはあなたがより魅力的に映るはずだ。初回のデートに赤を着ていけば、お相手がプライベートな質問をしてきたり身体を寄せてきたりする可能性が高まる。**ちなみにこれはドイツのルートヴィヒ・マクシミリアン大学ミュンヘンのニエスタ・カイザーとその研究チームが発見した研究結果である。

女性だけでなく男性にとっても、恋愛で赤を活用することは有効だ。男性の場合は赤によって権威ある印象を与えられることが、ある実験からわかっている。この実験では、さまざまな色の服を着た男性を異なる背景色（グレー、白、緑、赤）の前で写真に撮り、それを女性の被験者に見てもらった。二〇一〇年にロチェスター大学のアメリカ人心理学者アンドリュー・J・エリオットが行った実験である。その結果、**女性たちは赤い壁の前に立つ男性を圧倒的に「魅力的」だと感じていた**。

結論としてはこうだ。女性は初めてのデートに出かける際は、壁が赤くてウェイトレスの制服が赤でないレストランを選ぶこと。

それにしても思うのだが、なぜ女医さん用の赤い白衣がないのだろう？

第6章

恋の暗号❷
気になる人に好きになってもらう「しぐさ」

男女のどちらに「決定権」があるか

ベルリンのポツダム広場にあるショッピングモール。その一角のショーウインドーに人だかりができている。大半は女性だ。ショーウインドーにはヴォルフラムという二十代半ばの青年が立って、集まった人々を見つめ返している。

僕はクリップボードを手に、女性の群れの中に分け入ってアンケートをとってまわった。ショーウインドーの男性をどれくらい魅力的に感じたか答えてもらうのだ。ヴォルフラム自身は、自分のことを「まったく魅力がない」と感じている。だが、はたして女性たちの意見はどうだろう？　彼は平均的な身長で、髪は短く、とても親切そうな顔立ちをしている。たしかにジョージ・クルーニーのような美男子ではないが、けっして不細工というわけでもない。僕の見たところ、彼はよい意味で典型的な**「普通の男性」**だった。

ヴォルフラムはジーンズにTシャツという格好で、まっすぐに立っている。ときどき目の前の人を見つめてにっこり親しげに微笑《ほほえ》みかけ、ときには遠くを見つめている。脚は肩幅ほどに開き、腕は自然に下へ。ただ、ときどき意識的に腰に手を当てている。どこをとっても、普通だった。だから僕はアンケート結果にも驚きはしなかった。**女性のほとんどは彼の外見を好ま**

しく感じていたのだ。一方、ヴォルフラムはこの結果に驚いていたが、同時にとてもうれしそうだった。

彼にこうして午前中いっぱいショーウインドーに立ってもらったのは、いわば事前調査のためだ。あるテレビ番組の企画に先立って、**僕たちはデートで重要な役割を果たす身体言語シグナルをつきとめようとしていた。**つまり、ヴォルフラムは僕たちの実験のモルモットというわけだ。さらに、彼の「市場価値」を測ることも調査の目的の一つだった。そこで、てっとり早くショーウインドーに立ってもらったのだ。

良好なアンケート結果に勇気づけられて、僕は翌日ヴォルフラムとともに番組が企画した「スピードデート」と呼ばれるお見合いパーティーに向かった。スピードデートとは男女が数分ずつ次々と相手を変えて会話する合コン手法で、短時間でパートナーや恋愛相手を探せるシステムだ。時間の制約があるため、身体言語が特に重要となる。

ちなみに、スピードデートでは普通、女性は席に座ったままで、男性側が数分ごとに席を移動する。全員が一通り会話したところで、参加者（男女それぞれ十人ほど）はもう一度会いたいと思うお相手の名前を挙げる。このとき男性は、女性よりも多くの相手を指名する傾向があるそうだ。だが、僕が今回のテレビ企画の準備のために読んだ二〇〇九年の研究では、ルールに少し変更が加えられていた。この研究を行ったのはアメリカのノースウェスタン大学の心理学者エリ・J・フィンケルとポール・W・イーストウィックだ。実験では、男性にずっと座っていてもらい、女性が席を移動するルールとした。

すると、女性は通常ルール時の男性と同じくらい、多くの相手を指名したのだ！　理由はじつに単純だ。**女性たちは自分が動く側にまわったことで「決定権はこちらにある」と感じやすくなったのだ。**ある特定の社会的状況においては、男女の行動はどんどん似てきている、と二人の研究者は結論づけている。

合コンで魅力的なしぐさ、絶対にやってはいけないしぐさ

さて今回、番組が企画したスピードデートは、男女九人ずつの参加者が三分間で自分の魅力をアピールするというものだ。会場はベルリンのおしゃれなお店で、パーティー中はカメラが回っている。

ただし、参加者はそのことを知らない。彼らの行動は、ゲオルク・アウグスト大学ゲッティンゲンの進化心理学者であるベルンハルト・フィンクと、ボディー・リーディング専門家の僕によって実況解説される。僕たち二人は違う階に設けられた別室からモニター越しにパーティ

ーの様子を見守るのだ。そして参加者たちの恋愛におけるさまざまな行動を観察し、そのよし悪《あ》しを評価する。**どんなしぐさが魅力的か、合コンで絶対にやめたほうがいい行動は何か——？**

今回の実験では、僕のほうからパートナーにベルンハルト・フィンクを指名させてもらった。彼は熱心なボディー・リーダーで、二十年以上にわたって進化生物学と心理学の視点から人間のパートナー選択行動について研究している。その一環として、表情や身体や動作によるさまざまなシグナルを熟知しているのだ。彼は、「ダンスで女性を惹《ひ》きつける動作パターン」を発見している。

「ある種の動作が異性へのアピールになるというアイデアは、どこから思いついたんですか？」実験が始まる前に、彼に聞いてみた。

フィンクはこう答えてくれた。「最近では異性にアピールする表情や身体要素がいろいろと判明してきましたよね。しかし実際のデートシーンでは、たとえばクラブなどがそうですが、薄暗くてお互いの顔がよく見えないことが多い。そういう状況では、見た目よりも身体の動きのほうがずっと重要になるのではと考えたのです」

なるほど、たしかにそうだ。フィンクはさらに続けた。「我々研究チームは、動物界を参考にすることにしました。たとえばシオマネキというカニのオスに見られる求愛行動。オスは機能的にはほぼ何の役にも立たない巨大なはさみを有しています。このはさみをウェーブするように振ることで、メスを惹きつけるのです。上手にウェーブできれば、それだけメスから選ばれる可能性も高くなる。これと同じようなことが人間界にもあるんですよ」

僕は興味津々で、彼がそれをつきとめた経緯を尋ねた。フィンクの話によると、こうだ。実験では男性たちの関節に小さな反射板をつけ、薄暗い室内で一人ずつ踊ってもらった。これを十二台のカメラで撮影し、反射板の光の動きだけを女性に見てもらう。こうすれば服や顔や髪型にまどわされずにダンスの動きだけに集中してもらえるというわけだ。

アンケートの結果、女性に人気の高い動作には右ひざのすばやい動きが関係していることがわかった。だがもっと重要なのは、つねに新しい動きをすることだ。頭を激しく振る、腰を左右にスイングさせるといった単調な動作をひたすら繰り返すだけでは、女性は退屈してしまうという。じつに興味深い話だ。さらに質問したかったのだが、ここでパーティー開始となってしまい、それは叶《かな》わなかった。

フィンクと僕は、二人で大きなモニターにじっと見入った。階下のパーティー会場では明らかに緊張が高まっていた。**参加者たちは五分前よりもずっと頻繁に自分の身体に触れ、指でテーブルをトントンと叩《たた》き、まばたきの回数も増えている。それに、逃げ道を確認するようにし**

ょっちゅう出口に目をやっていた。どれも本人たち自身は気づいていない、無意識のしぐさである。さて、我らがヴォルフラムは、はたしてどんな戦いぶりを見せてくれるのだろう？　第一印象を決定づける最初の〇・〇三秒を、彼は有効に活用できるだろうか？

身体の片側だけ動くのは「不快」のサイン

ヴォルフラムが最初のパートナーの前に座った。お相手は感じのよさそうな若い女性だ。彼が座ったとたん、女性の足が椅子の下にすっと引っ込む。どうやら出だしは順調とはいかないようだ。

二人は会話を始めた。音声はなく映像だけなので、何をしゃべっているかはわからない。女性の足はまだ椅子の下だ。さらに会話の途中、女性は口の片側を引き上げて笑い、片方の肩だけをすくめた。この二つの動作もまた、感触があまりよくないことを示すサインだ。**身体の片側だけが動くのは、その人が何かを抑え込んでいるか、不快に感じていることを示している。**

普通、笑うときは口角の両側を引き上げるし、肩をすくめるときも両肩を上げる。これが片方だけとなると、反感や、最悪の場合は軽蔑を意味する。ほどなくして女性は心ここにあらずという感じで、チェックシート用の鉛筆をヴォルフラムと自分の間に置いた。「ここから先は入ってこないで」という境界線だ。ここまでだった。

席替えのゴングが鳴る。ヴォルフラムにとっては幸いだった。席を移る前に、二人は相手にもう一度会いたいと思うかどうかをチェックシートに記入する。僕とフィンクにはその結果がすでに第一ラウンド開始数秒で読めていた。

はたして僕たちの推測は正しかった。若い女性は「いいえ」にチェックを入れている。ヴォルフラムも相手のシグナルを正しく読み取り、「いいえ」を選択した。

第二ラウンドが始まった。今度はなかなか順調だ。女性は足を引っ込めたりせず、つま先も相手のほうを向いている。しかも今度の女性は、ヴォルフラムに頻繁に笑いかけていた。身振りもだんだん大きくなっていく。かなりリラックスした様子だ。すばらしい。

一分が経過するころ、**二人はまったく同じ姿勢をとり始めた。**同調が起こっているのだ。ヴォルフラムが鉛筆をもてあそぶと、彼女も髪の毛をいじり出す。彼が前に身を乗り出すと、彼女もそれに続く。完璧だ。もちろん、二人はどちらも「また会いたい」にチェックを入れていたのだ。

この第二ラウンドと第一ラウンドとで、ヴォルフラムが送ったシグナルにはどんな違いがあったのか？　そして、第一ラウンドで彼はお相手からのどんなシグナルを見逃してしまったのだろう？

ナンパに成功した男性に共通する「しぐさ」とは？

女性が男性を惹きつけるためのシグナルについては、これまで数多くの研究が行われてきた。たとえばヒールの高い靴を履き、腰をくびれさせ、胸もとを見せることで、脚とお尻と胸を強調する。さらに赤い口紅によって唇を強調する。

では、男性の場合はどうだろう？　女性からひじ鉄を食らうことなく、「アプローチしてもいいですよ」という暗黙のお許しをもらう方法については、これまであまり研究されてこなかった。

それでも二〇〇四年には行動研究者で進化生物学者のカール・グラマーが次のような研究結果を公表している。それによると、**バーで女性に声をかけてナンパに成功した男性は、全員がいわゆる「大きな動き」をしていたという。彼らは脚を大きく広げて背すじを伸ばして座り、腕を大きく動かすしぐさを見せていた。**カニのオスの求愛行動と同じだ。

また、何人かのグループでいるときは、自分だけでなく同僚や友人の身体にもさかんに触る傾向があった。こうしたしぐさをせず、小さな身振りに甘んじているような男性は、女性から完全に無視され、暗黙のOKサインをもらえなかったのである。

ついでにもう一つ、見逃せない事実をお伝えしよう。女性が周りにいないと、どの男性もそこまで大きな身振りはしていなかった！

「声をかけてOK」なのは、どんなとき？

デートや恋愛では、女性のほうが男性よりも多くの非言語シグナルを発する。だが女性に声をかけるという最初の一歩を踏み出すのは、ほとんどの場合男性だ。ただし、実際に声をかけても許されるのは、女性のほうが先に相応のサインを見せて「あなたからのコンタクトに興味がありますよ」というシグナルを送ってきた場合にかぎられる。

女性たちは、目線によって許可のサインを送っている。つまり**恋愛は女性からのかすかなシグナルによって幕を開けるのだ。この許可なしに声をかけても、はじめから失敗するのは目に見えている。**

そこで気になるのが、どうすればこのサインを正しく読み取り、アプローチの成功率を上げられるかだ。**あなたが男性の場合、自分を歓迎してくれる女性だけに声をかけるには、どうすればいいだろう？　致命的なミスを避けるには、女性のどんなシグナルに気をつけるべきだろう？**　一方、あなたが女性の場合は、アプローチしてほしい男性にピンポイントで自分の非言語シグナルを届けるためにも、ここからの内容はきっと役に立つと思う。

まず、**男性へのルールその一は「視線が合うまで待つ」だ。**パーティーで理想の女性を見つけると、相手がまだこちらに気づいてもいないのに声をかけようとする人がいる。だが先ほども言ったように、視線が合わなければ何も始まらない。どんなにその女性に語りかけようが、許可がなければ成功の見込みはないだろう。そして**女性は視線によってのみ、その許可を出すものなのだ。**

道を歩いていて知らない他人と目が合ったら、通常一、二秒ですぐ視線をそらす。こうすることで相手の存在を認識したことを示しつつ、それ以上関わるつもりはないと伝えるわけだ。だが、女性が男性と目が合って二、三秒以上見つめ返してきたら、それは視線によって「もっと近くに来ていいわよ」と伝えていることを意味する。

ただし、にらめっこのように長く見つめてくるわけではないので注意が必要だ。通常よりほんの少しだけ長めに視線が合うだけである。さらに**女性が上まぶたをわずかに持ち上げたら、かなり期待のもてるスタートといえるだろう。**このしぐさは本当に一瞬しか表れず、しかも女性が本当に誘いをかけたい相手にだけ、そっと発せられる。このとき上まぶたと一緒に眉も引き上げられたら、許可のサインはさらに明確なものとなる。

女性は男性にねらいを定めると、相手が視線に気づいて見返してくるまでじっと見つめる。このとき女性が数秒間目を合わせた後に、顔をわずかにそむけて視線だけを向けてきたら、それは男性にとって、自分が「誘われている」とわかる確かなサインだ。

これでもまだ男性側がサインに気づかないと、女性は顔をもとの位置に戻す。このかけひきは何回か繰り返されることもある。意志の固い女性たちは、ときには相手の男性が「アプローチするよう促されているんだ」と理解するまで、ひたすらこのやりとりを続ける。

視線のやりとりが終わると、次のステップは笑顔だ。恋愛では、ここでいわゆる「はにかんだ微笑み」が表れる。口角を半分ほど引き上げ、目は下に向けつつ、視線だけで下から見上げるように相手を見つめる。**普通の笑顔と違って顔と体は相手には向けず、視線だけを向けることが多いのが特徴だ。**

また、**はにかんだ微笑みのかわりに下唇を突き出すしぐさがお誘いのサインとなる場合もある。さりげなく唇を濡らすしぐさも、これ以上なく明確なサインだ。**

ただ、こうしたしぐさは限定的にしか表れない。突き出すというより唇に少ししわを寄せるだけだったり、唇をなめるのもほんの一瞬だったりするので注意が必要だ。

口もとは笑みの形をつくっているが、目は笑っていない。これは一見うさんくさく思える表情だ。なにしろこの手の笑顔はつくり笑いで、敵対する者同士が表面上仲よく挨拶するときなどによく見られる表情だからである。ところが、恋愛においては少し違う。この表情は女性から男性への「もっと近くに来ていいわよ」というシグナルなのだ。**ただし、この合図に応えて女性に話しかけたところ、相手が再びこのしぐさをしたら、それは「もうどっかに行っていいわよ」というサインなので注意してほしい。**

「恋愛をする気がある」ことをはっきり示すシグナルの一つが、首の横の部分を強調するしぐさだ。これは男性も女性も同じだ。ここは頸動脈《けいどうみゃく》が通っているため、人間の身体の中でもきわめて弱い部分である。女性がそこを強調するのは、「私はあなたにとって危険な存在ではないわ。だからもっと近くに来て」というメッセージだ。

たとえば髪の毛をさりげなく後ろにかき上げる、あるいはほんの一瞬首に触れるといったしぐさで、女性は首すじに注目を促す。首をわずかに横にかしげるだけの場合もあるだろう。またショートヘアの女性がまるで髪が長いかのようなしぐさを見せる場合も、首を強調して誘っているサインである。男性も同じくネクタイを少し緩めてみせたり、首もとを触ったりして首を強調する。

こうしたサインはどれもお誘いのサインではあるが、あくまで「誘い」にすぎない。これらは単に「声をかけてもいい」という許可であって、それ以上ではないのである。

恋が始まる三つのサイン

許可をもらった男性を待ち受けるのは、次なる重要なステップ、つまり言語によってコンタクトをとり、自己紹介をするという段階だ。これはその後の展開を左右する決定的な瞬間となる。そこで、**女性が男性を気に入っているかどうかを見分ける「三つのサイン」**について説明しよう。

サイン① 身振りが大きくなる

恋愛一般にいえるのは、大きく開かれた身振りは好ましく、小さく内にこもった身振りはまずいということだ。たとえば、手を大きく広げる、手のひらを開くなどだ。ただし女性が自分を抱くように腕を組んでいても、必ずしも心を閉ざしているとはかぎらない。単に肌寒いだけかもしれないからだ!

しかし、今までずっとオープンな身振りをしていたのに、男性に声をかけられたとたんに腕を組んだのなら、急に寒くなったからとは考えにくいだろう。もっとも、その男性のせいで寒気を覚えたのかもしれないが……。

サイン② 脚を何度も組み替える

アプローチがうまくいっているか確かめるには、脚に注目するといい。声をかけられた女性がときどき脚を組み替えるしぐさを見せたら、それは「ゲーム」の一環であり、お誘いのサインである。何度も脚を組み替えるのは別に座り心地が悪いからではない。自分の脚に注目してほしいからだ。

ただし、このしぐさはほとんど気づかないほどさりげなく行われる。男性も、そして女性本人も、そんなサインが発されているとはまったく気づかない。それでいて、この「脚組み行動」は無意識のうちにはっきりと認識される。そのため恋愛ではとても重要なのだ。

女性は自分の脚を強調し、長く見せるコツを心得ている。女性が急につま先を伸ばしたりつま先立ちをしたら、それは男性の視線を脚に向けるためかもしれない。

さらに、つま先立ちにはもう一つ別の効果もある。脚を長く見せるだけでなく、つま先で立つことで背すじがそるのだ。背すじがそると腰にカーブが生まれ、胸とお尻を強調できる。長い脚と、胸と、お尻。これらはどれも女性にとって強力な身体的武器だ。『プレイボーイ』誌の表紙や週刊紙のグラビアを見ればおわかりだろう。どの女性も腰をそらしているはずだ。もしかしたら今までほかの部分に目がくぎづけで、お気づきでなかったかもしれないが……。

そういうわけで、**女性は気に入った男性の前ではほとんど気づかないほど軽く腰をそらすことが多い。上半身を前に出し、腕をついて支えるといったポーズをとるのも、その表れだ。座ったままほんの一瞬だけ背すじを伸ばすこともある。**

サイン③　五〇センチ以内に寄ってくる

よく親しくなることを「距離が縮まる」などというが、これはまさに身体言語が言葉の表現にも表れた例だろう。「立ち位置がはっきりしている」とか「手中に収める」といった言い回しもそうだ。

「距離が縮まる」とは、まさに文字通りお互いの物理的な距離が近くなることでもある。それは離れていた二人が身振りを通じて次第に近づいていくプロセスだ。そして熟練のボディー・リーダーは、鋭い観察力で男女の心理的な距離を見きわめる。

普通、他人同士の二人は腕一本分ほどの距離をとる。ちょうど第3章で説明した「個体距離」ほどのスペースだ。これだけ離れていると、身体をなでたりキスやセックスをするにはかなり支障がある。だから男性は相手が好みの女性だと見るや、なるべくこの距離をつめようとする。そして、できれば相手をこちらに引き寄せたいと考える。

これは女性も同じだ。距離をめぐるかけ引きに例外はない。だから恋愛においては、自分の位置をしっかり意識することが重要になる。それに、**相手がこちらに対してどんな距離をとるかにも注意を払う必要がある。そこには相手があなたと恋愛する気があるかないかがはっきりと表れる。**

女性に声をかけることに成功しても、男性にとってはそこからが正念場だ。相手のパーソナルスペースにずかずかと入り込まないよう細心の注意を払う必要がある。**家族や恋人に許される「密接距離」はおよそ五〇センチ。**もしも、女性のほうからこの距離に入ってきたら、男性のことをかなり気に入っていると考えていいだろう。まだ仲よくない人物が、このゾーンに許可なく立ち入ることはけっして許されないからだ。そんなことをしたら相手はあなたに脅威を感じ、不快感を覚えるだろう（これは何も恋愛だけの話ではない。職場においても、相手との距離はとても大切だ）。

恋が始まる距離の縮め方

相手ともっと「お近づき」になりたい場合、男性はどう行動すべきだろう？

ここで考えられるのが、言葉を介さずに、身体を通じて相手の承諾を求めるという方法だ。

いわば「手探りで近づく」わけだ。結局のところ恋愛の基本は、**少しずつ距離を縮めながら、相手がその距離を心地よく感じているか確かめることなのだ。**

アメリカの心理学者ピーター・コレットは、著書『うなずく人ほど、うわの空――しぐさで本音があばかれる』（ソニー・マガジンズ）で「クイックステップ」について説明している。クイックステップとは、相手にもっと近づいていいかを見定めるための動作だ。男女が向き合って話しているが、まだお互いに距離があるという状況を考えてみよう。

会話が始まってしばらくたつ頃、女性がしゃべりながら男性に向かって一歩前に踏み出した。そしてしゃべり終えるとすっともとの位置に戻る。男性は無意識のうちにこれに気づいて、すぐに反応を返す。今度は彼のほうがしゃべりながら一歩相手に近づいたのだ。これによって「あなたに魅力を感じていますよ」と返事をするのである。

こうして第二ラウンドが幕を開ける。女性はまた一歩前に出て、もとの位置に戻る。そうすることで「もっと近くに来ていいわよ」というかすかな身体サインを繰り返し送っているのである。一歩近づいてそのままの位置にとどまるのは、あまりに露骨すぎる。だから女性は、自分でも無意識のうちにクイックステップをして、磁石のように相手を引き寄せようとするのだ。

これは立っているときの例だが、もし**座っている状態でさりげなく相手との距離を縮めたければ、その人に向かって直角の位置に座るといい。**こうすると圧迫感を与えることなく距離をつめられるし、うっかり身体が触れるといった偶然も起こりやすい。

「触っていい」のは、どんなとき?

恋愛というのはつねに緊張するものだ。相手の「個体距離」まで近づいたものの、せっかく築いた親密な雰囲気を壊したくないばかりに、**ボディータッチをする勇気が出ないとき、多くの人は代わりに自分の身体に触れる。**これは男女どちらにもよく見られる典型的な緊張のサインだ。「ここには励ますように頬や腕をなでてくれる人はいないけれど、大丈夫。自分でやるから問題ない」というわけだ。このように自分を落ち着かせるための身振りは「適応ジェスチャー」とも呼ばれる。

だが、自分に触れる理由はそれだけではない。以前書いた「エネルギーは注意を向けた方向に向かう」という言葉を覚えているだろうか? この言葉はこうも言い換えられる。「相手はこちらが注意を向けた方向に視線を向ける」。たとえば**デートで女性がさりげなく髪をかき上げたら、それは身体言語によって「あなたもこんな風に触ってみたくない?」と問いかけているのだ。**

もっと洗練されたやりとりが交わされることもある。たとえば、気になる女性に触れてもいいか自信がないとき、男性は触れる対象を別のものに移し替えることで相手の反応をうかがうことができる。代わりの対象として何を選ぶか、そしてその触れ方から、その人の真意や恋愛への積極度がわかる。

僕がレストランで見かけたカップルのことを覚えておいでだろうか？　あのときの女性はワインを一口飲んだあとに、グラスの脚を指で上下にそっとなぞっていた。そのとき、**もし男性がテーブルにのっていた彼女の車のキーを何げなく手に取って、ぼんやりと手の中でもてあそび出したら、それは同じくはっきりしたシグナルとなるだろう。**すなわち、「僕も後でそのワイングラスみたいになりたい」と伝えているのだ。

このかけひきは別の形でも起こる。まず片方が何かに触れてみせる。するともう片方は別の何かによって、相手の望みを叶《かな》えてあげるのだ。たとえば男性がワイングラスを手に取って一口飲んだすぐ後に、女性が必要もないのにナプキンで口を拭う、といった具合である。

相手から自分に触れてもらえる「糸」のマジック

ここまで来れば、もう物ではなく、意中の人の腕や肩に軽く触れることも可能になる。ただしあくまでさりげなく、おもしろい話に夢中になってつい……という感じでないといけない。

触れるというのは非常にデリケートな行為だけに、十分注意が必要だ。一方で、そこには大きな影響力もある。**買い物客が一度商品に手を触れると、その商品を実際に購入する確率は格段に上がるのだそうだ。この現象を恋愛でもうまく利用して、相手から自分に触れてもらえるように仕向けよう。**これが成功すれば、あなたの恋は順調に進むこと間違いなしだ。

ここで男性のみなさんには、女性のほうから触れてもらえる方法をご紹介しよう。アメリカの二人組マジシャン、ペン&テラーが使っているトリックだ。用意するものは、一巻きの糸と針、それに布製のジャケットだけ。もちろん急には無理なので、事前にネタを仕込んでおく必要がある。まずデートに出かける前に、その日着ていくジャケットとなるべく対照的な色の糸を用意しよう。次に糸を針に通して、ジャケットの肩部分に裏から表へと糸を通す。表に垂らす糸は一・五センチほどの長さに調整しよう。裏側の糸は糸巻きにつながったままにして、糸巻きをジャケットの内ポケットにしまう。

つまり一見肩に糸くずがついているように見せて、実はその糸はジャケット生地の裏側につながっているのだ。文字通り、巧みに計画の糸を張りめぐらしたわけである。

あとは、女性があなたのジャケットについた偽の糸くずに気づき、「気になるから取ってあげたい」という気分になるまで待つだけだ。純粋に恋愛テクニック的に見ても、これはとてもよい兆候である。

糸くずを取るため、女性はおそらく糸を引っぱるだろう。すると、引けば引くほど裏側から糸が出てくる。あなた自身もびっくりしたふりをして、こう言おう。「あれ、もしかして下着の糸かも！」

相手と波長を合わせる「ミラーリング」の驚くべき効果

順調に恋が進んでいれば、二人の間で交わされる身体言語はもっぱら誘いや促しのシグナルとなる。オープンな身振りやボディータッチ、そして身体的な接近などだ。さらに二人の波長が完全に合ってくると、姿勢や動きのスピードが次第に同化してくる。

たとえば男性が前に身を乗り出すと、すぐあとに女性も同じ姿勢をとる。片方がティースプーンをいじり出すと、もう片方も同じようにする。おもしろいのは、波長が合っていると自覚しなくても自然とこうした現象が起こることだ。

もし意図的に波長を合わせたいのなら、自分の身体言語を相手に意識して合わせるといい。

これは専門用語で「**ミラーリング**」と呼ばれる手法だ。たとえば相手が身を乗り出したら、こちらもまるで鏡のように身を乗り出す。相手が髪をかき上げたら、こちらも同じく髪をかき上げる。

ただし、注意してほしい。この手法はきわめて効果が高いが、相手にこちらの意図がばれやすいというリスクもある。もし失敗したら、その恋はそこで終了と考えていい。しぐさを真似されるのは、相手にとっては気持ちのよいものではないだろう。

そこで相手に気づかれないよう、より巧みな形でミラーリングを行うといい。**たとえば相手が髪をかき上げたら、あなたはさっと自分の鼻をなでる。**このように同じ動作を身体の別の部位に対して行うのも一つの方法だ。

さらに、**時間差をつけたミラーリングも効果的だ。**これは相手が一つの動作を終えるのを待ってから、その動作を真似るという方法である。たとえばデート中に女性が左手のくすり指を右手でいじっていたとしよう。彼女がこの動作をやめて右手をどこかに（たとえばテーブルの上などに）置いたら、あなたはすかさず自分の左くすり指を右手で触る。女性が右手をテーブルからどけて別の姿勢をとったら、次はあなたが右手をテーブルに乗せる。**こんなふうにワンテンポ遅れて相手の動きを繰り返すのだ。**

今相手がやっているしぐさをよく観察しておいて、彼女が次の動作に入った瞬間に、それまでの動作を真似るといい。先ほどの例では身体の部位を変えたが、この方法では時間をずらしているわけだ。もちろん無理やり波長を合わせなくても自然と姿勢や動作が似てくるのが一番理想的である。

姿勢やしぐさを真似ることには、一つの大きな利点がある。**相手と同じように振る舞えば、相手と同じ気持ちになれる可能性も高くなる。思考が身体に影響を与えるだけではなく、身体のほうもあなたの思考や気持ちに影響を与える。**

つまり誰かと同じ姿勢をとれば、あなたは文字通りその人の「身になって」考え感じることができるのだ！

気のない相手を遠ざける十のしぐさ

視線で男性を引き寄せたはいいが、好みでなかったのでどうにか追い払って一人静かにコーヒーを飲みたい。あるいは、ちょっと視線が合っただけなのに勘違いされて話しかけられてしまった——。女性にとっては困った状況だ。そもそも男性と女性では恋愛における非言語シグナルの解釈のしかたにも違いがある。女性からすれば単に親愛の気持ちからとった行動が、男性の目にはセクシャルなものと映ることも多い。そこで、確実に男性に（言葉を介さず）ノーと伝えられる十の非言語サインを紹介しよう。

1. 脚と足先を動かさない

足をパタパタと動かすのは機嫌がいいサインとみなされる。特につま先を上下に動かすしぐさは、英語では〝happy feet〟と呼ばれるほどだ。したがって、脚や足先はぴたりと止めておくこと。

2. ハンドバッグを有効活用する

距離の近さは相手にとって好感触のサインとなってしまう。ハンドバッグをひざの上や身体の脇に置いて、距離を広げよう。

3. 自分の服をいじる

これは「あなたなんかより服についた糸くずのほうが断然興味深いわ！」というメッセージとなる。さらに指の爪をまじまじとチェックして、「自分の爪だってあなたよりはおもしろいわよ」と伝えるといい。

4. 微笑みかけない

赤ちゃんは母親が笑いかけるのをやめると、すぐに泣き出すという。しつこい大人の男性にもこれを活用しよう。詳しくは77ページの「無表情実験」を参照してほしい。

5. さりげなくテリトリーを広げる

自分を大きく見せよう。普通恋愛において、女性は自分を魅力的に見せるためにあまりスペースを大きく使わない。逆に男性はテリトリーが大きくなる。ほぼ満席のカフェに新たに入ってきた客は(男女どちらであっても)女性のとなりに座ることが多いそうだ。そうされないように、テリトリーを広げよう(第3章参照)。もしそれでも男性がにやつきながら隣に座ってくるようなら、テーブルの上にあるものを少しずつ相手の側に押しやるといい。砂糖入れや水のグラス、それにやむをえないときは携帯電話も動員して、相手との間に壁をつくること。

6. 動きを速くする

恋愛において女性は普通男性よりもゆっくりと、身体に近いところで動作を行う。そこで、なるべくせわしなく大きく動いてみよう。男性はすぐに違和感を覚えるはずだ。

7．相手とは逆のしぐさをする

男性が腕を広げたら、あなたは腕を組む。うなずかれたら、さりげなく首を振る。ことごとくミラーリングの逆を行くことで、身体言語レベルで「私たち、まったく共通点がありませんね」と伝えよう。

8．眉をひそめる

これは不信感を示すサインにもなるうえ、外見的な美しさもほどよく損なわせてくれる。

9．手をポケットに入れるかテーブルの下に隠す

身体のパーツを隠せば隠すほど、これ以上会話したくないことを示せる。

10．あくびをし、上着を着る

何をやってもだめなら、やむをえない。強硬手段に訴えよう。

第7章

恋の暗号❸
愛が長続きする「しぐさ」のコツ

結婚三十年でも仲むつまじいワケ

恋するカップルには、一目でそうとわかる特別な何かがある。同じようなテンポで動き、姿勢もしぐさもとても似ているのだ。僕のショーでもよく、うまくいっているカップルに舞台に上がってもらうのだが、そうした二人は座り方までほぼ完璧に同じだ。

つい最近のショーでも、こんなことがあった。ある演目を手伝ってもらうため、僕は客席を見回してカップル客を探していた。そのとき、客席の中にまさに僕の望むシグナルをすべて備えた五十代とおぼしき男女を見つけた。こちらに向けられた親しげな笑顔、完璧なアイコンタクト、身体の姿勢もオープンだ。しかも寄り添うように座っているので、互いの脚が触れ合っている。スペースは十分にあるので、やむをえずそうしているのではないのは明らかだ。

お互いに深く理解し合っていると、一目でわかるカップルだった。しかも声をかけてみてわかったのだが、彼らは話すときの抑揚も、声の大きさも、話すスピードもほぼ同じ。つまり、身体も声もみごとに一体化しているのだ。まさに理想的だ。

僕はさっそく二人に舞台に上がってもらい、そっと観察を続けた。**女性が脚を組むと、男性もそれにならう。男性が手を身体の前に垂らせば、女性も同じようにする。どちらかが首をか**

しげれば、もう片方も同じしぐさをする。動くスピードも同じ、呼吸のテンポすら一緒だった。これは波長がぴったり合っていることを示すサインだ。

呼吸や身体の姿勢が同じということは、考え方や感じ方も似ていると考えていい。なぜなら、身体は心に影響を与えるからだ。つまり身体言語の似ている二人は、文字通り一体となっているのだ。ちなみに、心拍が同じリズムを刻むのは、何も恋人同士だけではない。

たとえば合唱団でも短時間で同じような現象が起こる。これを発見したのはスウェーデンの神経学者ビョルン・ヴィコフとヨーテボリ大学の研究チームだ。**同時に一つのことを目指し、同じような動きや姿勢をとり、同じ活動にいそしめば、人と人との間に境界はなくなる。**すべては一つになるのだ。この状態を「**ラポール**」という。

催眠では、このラポールがとても重要になる。僕も舞台に上がってくれた観客に催眠をかけるときは、その人と同じように動き、呼吸することで、この状態を意図的につくり出している。相手とのラポールが築かれ、二人のリズムが完全に一致したところで、そっと主導権をとるのだ。このように、僕の催眠ショーでは意図的にラポールをつくって相手を心地よい状態に導くのだが、今目の前にいるこのカップルはそれを無意識のうちに行っていたのである。

舞台上に座る二人は、言葉などなくても通じ合っているような雰囲気だった。僕は尋ねた。

「お二人はつき合ってどれくらいですか?」。すると、即座にこんな答えが返ってきた。「もう三十年になります!」——驚きの答えだった。僕はてっきり、つき合いたてのシニアカップルだと思っていたのだ。客席もざわついているところを見ると、勘違いしていたのは僕だけではないらしい。このフレッシュな恋人どうしのようなシグナルを三十年変わらず保ち続けるとは。まったく予想外だった。愛は人を若々しく保つものだとつくづく思い知る。客席からも二人の答えに大きな拍手が起こっていた。

それにしても、**この二人のように時を経ても色あせない愛を育むには、いったいどうすればいいのだろう? その秘密はパートナーの身体言語を読み取ることにありそうだ。**

恋人や伴侶の本心に気づけず誤解やすれ違いが生じてしまったという経験は、おそらく誰にでもあることだろう。

パートナーの隠れた本心を読み取るには、どうすればいいか?

けんかを避けるには、あるいはたとえけんかになってもそれが個人攻撃や相手への侮辱にならないようにするには、何を心がければいいのか?

もちろん、独身または恋人のいない方にも、「自分は今のままで結構」というあなたにも、この章の内容はきっと役立つはずだ。これから話すことは恋愛だけでなく、仕事で同僚とつきあううえでも大切な基礎となる。

信頼のもと「ラポール」はつくり出せる！

言葉を介することなく、身体言語だけでお互いの気持ちを伝え合い、理解し合えるとしたら、すごいことだと思わないだろうか？　ところが、それが本当にできるのだ。

イギリスの行動学者デズモンド・モリスは、この現象を「姿勢反響」という考え方で説明した。**誰かに強く共感すると、僕たちは言葉ではなく身体を介して「あなたと私は同じですよ」というメッセージを相手に伝えようとする。**このメッセージは無意識のうちに送られ、無意識のうちに受け取られる。

こうした共感による強い結びつきを指す専門用語が、先ほども出てきた「ラポール」だ。ラポールはお互いへの信頼感からなりたっているとても心地よい感覚で、心理セラピストとクライアント、店員と客などの間に生じることもある。また、意識的につくり出すことも可能だ。

たとえば**催眠術師は、対象との間にとても強力なラポールをすばやくつくり出すことができる。**ラポールのテクニックはもっと日常的な場面でも利用できる。ただし、そのためには相手の「行動の仕組み」をしっかりと把握しておかなくてはならない。

そこで役立つのが「神経言語プログラミング（ＮＬＰ）」の考え方だ。ＮＬＰはアメリカの数学者リチャード・バンドラーと言語学者ジョン・グリンダーが一九六〇年代に研究開発した学問で、さまざまなコミュニケーション技法から成る。

僕たち人間は五感（視覚、聴覚、触覚、嗅覚《きゅうかく》、味覚）によって物事を知覚する。一秒に何百万という大量の情報が、感覚器を介して脳へと送られるのだ。これは眠っている間も絶えることはない。ＮＬＰの**「Neuro（神経）」**とは、こうした脳神経レベルでの活動を指す。脳は受け取った情報をこれまでの経験や記憶と照らし合わせて処理する。すべては無意識に、一瞬のうちにだ。

さらに脳は「知覚した刺激が自分にとってどんな意味を持つか」も判断する。こうして僕たちの脳内には、さまざまな映像や音、匂い、感覚などが形成される。ただし、膨大な刺激のすべてが処理されるわけではない。その大部分はフィルターにかけられ、振るい落とされる。だから僕たちは大量の刺激のうち、ほんの一部しか認識できない。主観的な選別が行われているのだ。

そして、その選別方法は人によって違う。聴覚からの情報を認識しやすい人もいれば、視覚が優位の人もいる。触覚的に何かを感じ取る人もいるだろう。こうした人それぞれの解釈のしかたを、ＮＬＰの用語では「内的表象」と呼ぶ。ちなみに、どの知覚システムが一番優れているのかということではない。そもそも僕たちは状況に応じて使うシステムを切り替えているからだ。

次に、NLPの**「Linguistic（言語）」**は、言葉の使い方を指す。誰かの使う言語をよく観察していれば、その人が何に重きをおき、何を感じているかがかなり正確に読み取れるものだ。ここでいう言語とは、話し言葉だけではない。書き言葉や身体言語も同じくらい重要だ。そしてこれまでにも見てきた通り、**こういった言語の使い方が、周りから見たあなたの印象だけでなく、あなた自身の思考にも影響を及ぼすのだ。**

この「神経」と「言語」の処理プロセスは、僕たちの思考パターンと互いに影響を及ぼし合っている。どう決断を下すか、どう学ぶか、どう問題を解決し、どう行動するか。それらはどれも、その人の考え方やそれまでの経験に強く左右されるのだ。こうした思考パターンを、NLPでは**「Program（プログラム）」**と呼んでいる。

つまりNLPの考え方によれば、僕たち人間は身の回りの世界を五感によって知覚し、その刺激を意識的および無意識の思考プロセスによって処理する。すると、それに応じて神経システム（自律神経系）が活性化し、身体反応が引き起こされる。まさに「エネルギーは注意の向いた方向に向かう」の典型である。

もっとわかりやすく説明しよう。たとえば、**あなたが大好きな食べ物のことを一心に考えると、それだけでその食べ物のおいしそうな匂いや味が頭に浮かんでくる。すると身体が反応して、口に唾液がたまってくるはずだ。**つまり思考するだけで実際の身体反応が起こるというわけである。

大事な人とけんかをしても、仲が壊れない秘訣

話をラポールに戻そう。ＮＬＰでは、ただそうしたいと望むだけで意識的にラポールをつくり出せると考えられている。

人間関係においてラポールはとても大切だ。**パートナーとの間にラポールが築かれると、僕たちはただそれだけの理由から、お互いのことをもっと好きになる。**「人は自分と似た人に親近感を覚える」という法則がここでも当てはまる。

ラポールは相手の身体言語、たとえば姿勢やしぐさ、身振り、呼吸のリズムなどに同調することで生み出される。だがパートナーと意見が対立すると、多くの人は本能的にラポールを切ってしまう。これはまったく自然なことだ。意見が異なれば、身体の状態も同じではいられないからだ。

そして、ここにこそパートナーとの関係を改善するヒントが隠れている。**たとえあなたがパートナーと激しく言い争っていたとしても、身体言語を相手と同調させ続ければ、ラポールは無意識下で保たれるのだ！** すると対立はあくまで内容レベルのものとなり、感情レベルのラポールは損なわれない。言葉ではけんかしているが、身体は同調しているからだ。これは（一時的でなく長い目で見ても）大きな違いとなるだろう。

ラポールさえ保たれていれば、パートナーと意見が違うことはそう大した問題ではなくなる。むしろ、意見が違ってもはっきりと自分の考えを主張できるようになるだろう。ラポールは口から出る言葉ではなく、身体を通じて形成されるのだから。

さらに、ラポールにはもう一つ別の効果がある。相手と同じ姿勢をとると、その人の感じている世界に自分も入り込めるのだ。これは別に新しい発見ではない。一八四四年にはアメリカの作家エドガー・アラン・ポーが探偵小説『盗まれた手紙』の中でこう書いている。**「ある人が賢いか馬鹿者か、善人か悪人かを知りたいときは、できるだけ正確にその人と同じ表情をしてみるのです。あとは、その表情につり合うような考えや感覚が自分の心に浮かんでくるのをただ待てばいい」**。ということは、たとえ数分前までは「そんなの絶対にありえない」と思っていた主張も、身体を同調させることで相手の視点に立って理解できるということだ。そして相手を理解することこそが、けんかを平和的に解決する第一歩となる。

ここで、パートナーと二人でできるトレーニングを一つご紹介しよう。まずパートナーと向き合って座り、二人の間で意見が一致しているテーマについて語り合ってほしい。ただし、このとき意識して相手の身体言語に同調しないようにする。これを数分間続けて、どんなことが起こるか見てみよう。パートナーとあなた自身をよく観察し、今自分がどんな気持ちかを確認すること。

次に話題を変えて、お互いの意見が違うテーマについて話し合う。それとともに今度は相手の身体言語に同調してみよう。呼吸やしぐさなどに気を配ること。これによって無意識のうちにラポールが築かれる。さあ、今度はどんな気持ちになっただろうか?

反対ばかりする人に、イエスと言わせる裏ワザ

ところで世の中には、他人の言うことに、いつも難癖をつけたがるタイプの人間もいる。思春期ならまだしも、大人になってもそうした行動から卒業できないのだ。**こちらの意見に反対ばかりしてくる人とラポールを築くには、どうすればいいだろう?**

じつはこれは、そう難しいことではない。ここでもやはり、最初のステップは相手の身体言語に同調することだ。これであなたとその人は非言語レベルでは一体となる。

だが、さらによい方法がある。それは、「けれど」という言葉を巧みに使うことだ。たとえば**「あなたはそうは思わないだろうけれど」**と言ってから、自分の意見を言うのだ。

「あなたはそうは思わないだろうけれど、この料理、おいしいわね」

「あなたはそうは思わないだろうけれど、この映画はおもしろいって話だよ」

「あなたはそうは思わないだろうけれど、どこかに出かけるのもいいかも」

こんなふうに**「けれど」のあとには、あなたの意見や望みを入れる。相手はいつも人の言うことに反対しているから、ここでも普段のパターンどおり「いやいや、そう思ってるよ！」とあなたの言葉を否定するだろう。**その結果、あなたが本当に言いたかったことに同意してしまうのだ。

このタイプには「この説明」をすればうまくいく

僕たちはみな、それぞれ違った五感を通じて思考している。といっても、五感のうちどれか一つだけを使うのではなく、いくつかを使い分けているのだが。

たとえば、目の前にセーターがあるとしよう。ある人は、目で見ることでその質のよさを感じ取る。またある人は、手で触って確かめる。自動車なら、車体を見ただけですばらしいと感じる人もいれば、エンジン音で判断する人、あるいは実際に座席に座ってハンドルを握って感触を確かめる人もいる。つまり、優先的に使う五感が人それぞれに違うのだ。

さて、ここから話はおもしろくなってくる。**注意してよく観察し相手の言葉をしっかり聞いていれば、相手がどの五感を優先的に使うタイプかを見定めることができるのだ。**

僕たちが使っている五感をおさらいしておこう。

見　る＝視覚
聞　く＝聴覚
感じる＝触運動覚
嗅　ぐ＝嗅覚
味わう＝味覚

わかりやすく説明しよう。今あなたがこの文章を読んでいる瞬間にも、さまざまなことが起こっている。あなたは本の言葉を目で見て（視覚）、時計の針の音や、鳥のさえずりなどを聴き（聴覚）、肌には気温や服の布の感触を感じ（触運動覚）、空気を吸い込むことでその匂いを感じ（嗅覚）、口の中の味を感じている（味覚）。じつに膨大な情報量だ。だが、第1章で学んだことを思い出してほしい。周囲で起きていることのほとんどを、僕たちは普段まったく意識していない。そうした情報は、必要になってから確認できれば十分なのだ。

さて、パートナーと会話をするときに無用な誤解を避けるには、適切な言葉を適切なタイミングで、適切なアクセントと適切な身体言語でもって伝えることが必要となる。だが、どんな言葉やアクセントや身体言語が「適切」なのだろう？　じつはこれは、人によって違う。

僕たちは誰もが五感を通じてさまざまな体験をしている。その中でもここでは特に主となる三つのシステム、**視覚**、**聴覚**、そして**触運動覚**にしぼって見ていこう。

注意深く観察すれば、あなたはパートナーが三つのうちどれを重点的に使っているかを、かなり正確に見分けることができる。たいていは、五感のすべてが同時に使われるが、それでも先ほど述べた通り、人それぞれ優先して使うシステムは違うのだ。そして、**たとえば視覚タイプの人に「よさそうな話に聞こえるね」といった聴覚タイプの人の好む言葉で語りかけても、あまり効果は期待できない**。これはとても大事なポイントだ。

相手がどのシステムを使っているかは、次のような特徴から見分けられる。

■視覚タイプ

・映像的にものを考える

・色に関する記憶力がいい
・服装や身だしなみが整っている
・他人の服装をよく見ている
・すばやい動作を好み、胸の高さでの身振りが多い
・オープンな身振りを多用する
・胸式呼吸の人が多い
・考えているとき、目線は上に向ける
・「見抜く」「見てとる」「描き出す」「目にする」「見る目がない」などの言葉をよく使い、「よさそうに見える」「彼は見る目がない」「それは見逃していた」といった表現をする

視覚タイプのパートナーに対しては、ただ言葉で語るだけでは効果が薄い。身体言語を同調させたうえで、あなたの目指すものを実際に「見せる」ようにしよう。

たとえば、キッチンをリフォームしたいとか新しい自動車を買いたいという場合は、パンフレットを見せる。一緒に観劇がしたいなら、プログラムを見てもらう。こちらの望むことが、相手の頭の中できちんと映像化されるように工夫しよう。

■触運動覚タイプ

・感覚でものを考える
・手ざわりや感覚への意識が強い。たとえば服の着心地や椅子の座り心地、モニターの明るさなどに敏感
・ゆっくりした動作
・話すテンポは遅い
・ゆったりした身振りを、腹の高さで行うことが多い
・腹式呼吸の人が多い
・考えているとき、目線は下に向ける
・「染み入る」「冷たい」「温かい」「鈍感」「ずれる」などの言葉をよく使い、「あれは骨身に染みた」「彼は心が冷たい」「あの人は方向性がずれている」といった表現をする

触運動覚タイプの人は「しっくりくる」ことを好む。また、人から触れられるのも好きである。このタイプには、**「いい感じがする」「探りを入れる」「着手する」「大切なものをつかみ取る」のような表現を使うと効果的だろう。**

■**聴覚タイプ**

・物音や音色でものを考える
・周囲の物音に気をとられやすい
・よく聞こえる状態を好む
・上半身の前での身振りが多い
・横隔膜を使って呼吸する
・考えているとき、目線は横に向ける
・「聞こえる」「聞く耳をもたない」「聞いたこともない」「話す」などの言葉をよく使い、「聞いたこともない話だ」とか「そんな話には耳を貸さない」といった表現をする

聴覚タイプは相手の話を進んで聞く。また、心地よい響きを重視する。

このタイプのパートナーをコンサートに誘いたいなら、そのバンドの演奏音源を聴かせるといい（これがもし視覚タイプなら、まずバンドの公式サイトを見せるところだ）。**「僕たちは波長が合っている」**、**「君にはどう聞こえる？」**、**「まるで音楽のように耳ざわりがいい」といった言い回しを使うと、より親密な関係を築けるだろう。**

この分類は、ずいぶん単純に思えるかもしれない。だが、けっして軽視しないことだ。**パートナーがどのシステムを優先的に使っているかわかれば、その人の思考に大きく一歩近づける。**

相手の言葉の選び方や身振り、呼吸のしかたをよく観察して、自分の行動を相手のそれに合わせていこう。見た目を似せるだけでなく、言葉づかいも相手の用いているシステムに合わせること。ただ、どこまで相手に感情移入するかは、あなた次第だ。ときにはパートナーが拒絶や攻撃といったシグナルを出してくることもあるだろう。

そんなとき、こちらもミラーリング（146ページ参照）によって同じシグナルを返すべきかどうかは、状況次第だ。こちらが拒絶のシグナルに同調せず、あくまでリラックスした様子を保っていれば、相手の心もほぐれるかもしれない。この辺りの判断は、微妙な勘に頼るしかないだろう。

ここで紹介したテクニックを正しく使えば、あなたはパートナーとの間に無意識の、だがとても深い絆《きずな》を築くことができる。相手は「この人は自分のことを理解してくれている」と感じ、あなたの提案や意見を今よりもっとオープンに受け入れてくれるようになるはずだ。

みんなを同時に説得できる「カリスマ・パターン・テクニック」

パートナーだけでなく、友人夫婦や知人や職場の同僚など、複数の人をまとめて説得したいときはどうすればいいだろう？　こちらの意見を相手にうまく伝えたいが、誰がどのシステムを使うタイプかわからない。それに、聴覚タイプの人もいれば、触運動覚タイプや視覚タイプもいるだろう。どうすれば全員をうまく説得できるだろうか？

僕はそういうとき、ＮＬＰの「**カリスマ・パターン・テクニック**」を活用している。とても効果的な方法で、僕自身何度もこれに救われてきた。

これは、カリスマ的な人物の演説を数多く比較分析することで生まれたテクニックである。**カリスマ性をもつ演説者はまず触運動覚（ここではつまり感覚的な）モード、次に聴覚モード、最後に視覚モードで聴衆に語りかけている。**

そこで、あなたも同じようにしてみよう。たとえば、一同をあるレストランに連れていきたいときは、こんな順序で説得してみるといい。

「いい店を知ってるんだけどどうかな？　きっとみんな心地よくくつろげると思う」。まずは触運動覚モードだ。

次に少し話すテンポを速めて、聴覚タイプの人にアピールしよう。「アルティ・ブッコの『ヴェスビオ』って店だよ。あの店ならゆっくり話せるから、みんなでもう少しおしゃべりしたいな」

さらに視覚タイプの人向けに、こうつけ加える。「あの店のメニューを見たことある？　すごくきれいでおいしそうなんだ」

この順序は別の点でも理にかなっている。というのも、**触運動覚タイプの人は真っ先にアプローチしないと、すぐに気をそらしてしまうのだ。これに対して視覚タイプは長い間待ってくれる。聴覚タイプはちょうどその中間だ。**

離婚する夫婦が出している五つの「破滅シグナル」

動作や身振りは誠実さや共感、相手への理解を伝えてくれる。だが、そればかりではない。アメリカの夫婦セラピスト、ジョン・ゴットマンと共同研究者のロバート・レベンソンは、身振りが夫婦関係に与える影響について詳しく研究した。その結果、驚くべきことがわかった。なんと、**離婚する夫婦には、本人たちもそうと気づかないうちから、共通する行動パターンが見られたのだ。**

なんと、ゴットマンいわく、**夫婦げんかの会話を見れば、その夫婦が四〜六年後に離婚するかどうかを九〇パーセントの確率で言い当てられる**というのだ！　判断の基準となるのは、ある特定のシグナルだ。これらのシグナルは聖書で来るべき終末を告げるとされる騎士の名から「ヨハネの黙示録の騎士」と呼ばれている。夫婦げんかで絶対に避けたい、結婚生活に終末をもたらす五つのシグナルは、次の通りだ。

1．繰り返し批判する

「あなたはいつも……じゃない」「君は一度だって……しない」など。もちろん不満を伝えることは大切だ。ときには批判も必要だろう。だが、相手の人間性を繰り返し否定するような批判は、破滅のシグナルとなってしまう。偏った視点での決めつけと感情的なもの言いが合わされば、二人の関係はそう長くは続かないだろう。

2．相手のせいにする

次は、けんかで相手に責任をなすりつけようとする態度だ。「君はそう言うけど、僕のせいじゃない！」とか「私ばかり責めるけど、あなたには責任がないっていうの？」といった言葉は、二人の関係をぎくしゃくさせてしまう。

3. 壁をつくり黙り込む

相手がふくれっ面をして、唇をかんで黙り込んだら、事態はかなり深刻だ。腕を組み、目を合わせようとしない場合はさらにまずい。こうなると相手は「別に……」とか「もういいよ……」といった言葉で会話をボイコットしてくる。

4. 軽蔑のしぐさをする

皮肉げに笑う、頬を膨らませる、口の片方だけを上げる、鼻にしわを寄せる、目をぐるりと回してみせる、手で払いのけるようなしぐさをする、など。ゴットマンによれば、これはもっとも危険なシグナルである。

5. 自分の立場を守ることだけ考える

お互いが張り合ってスペースを広くとり、大げさな身振りを多用し、「やってみたら？　どうなるか見ものだな」といった言葉を口にする。ただし、これらはすでに事実上終わってしまった二人に見られる行動だ。手段を選ばず自分の立場を守ろうとしているのである。

例として、次のような夫婦げんかを見てみよう。ある夫婦が高音質サラウンドスピーカーを購入した。夫は聴覚タイプなので、音の響きを何より重視する。スピーカーの配置によってリビングの見た目が悪くなっても、しかたがないと考えている。一方、妻は視覚タイプなので、音の響きよりもリビングが美しく整っているほうが重要だ。いかにも、けんかが起こりそうな状況である。

夫が言った。「スピーカーはこっちの壁に取りつけようよ。この位置なら最高のサウンドを楽しめる」

妻は目を細め、眉を寄せて反対する。「でも、それじゃあ見た目が最悪だわ。あなたってセンスがないのね」。**これは相手の人格を直接攻撃する批判だ。この時点で、夫婦の対話はもはや客観的な話し合いではなくなる。**

夫はすかさず防衛に入る。夫婦げんかの第二ステージだ。「センスがないって、どういう意味だよ？　だったら、どこでも君の好きなところに置けばいい！」

夫のこの反応は、妻からの批判に黙っていられず反論する、反射的なものだ。ただ問題なのは、妻に「自分の意見を無視された」と思わせてしまう点である。なぜならこの反論は「見た目が悪いのは嫌だ」という妻の意見にまったく向き合っていないからだ。

こうなると妻はたいてい壁をつくってしまう。腕を組んで唇をかみ、こんなふうに言うのだ。

「別にいいわよ、私はもとからスピーカーなんてどうでもいいもの」

ここで夫が軽蔑のサインを見せると、状況はさらに悪化する。たとえば上唇をわずかに上げて、目をぐるりと回して「まったく、君はいつもヘソを曲げてばかりだ」などと言った日には、火に油を注ぐことになる。

こうして、けんかの本題はスピーカーからお互いの人格へとあっという間にすり変わってしまう。もとをただせば、単に使っている五感が違うという、ただそれだけのことなのに。

破滅のシグナルがあまりに多く見られると、そのカップルには「残念ながらそう長くはない」という診断が下されることになる。ちなみにゴットマンは診断のための具体的な数字として5：1という割合を挙げている。一度くらい軽蔑的に目をぐるりと回してみせても、その前に五回微笑《ほほえ》んだり優しくうなずいていればまだセーフだ。しかし軽蔑のシグナル五回に対して微笑み一回では、二人の未来はバラ色とは言いがたい。

それからもう一つ、破滅のシグナルに加えて、特に男性のみなさんに気をつけてもらいたい危険シグナルがある。**あなたの奥様が、今までなら激怒していたようなことに対して急にまったく怒らなくなったら、それはとても危険な兆候だ。**

けんか中も二人の絆を保つ五つのコツ

ここまで読んできたみなさんは、身体言語の秘密や意識すべきポイント（たとえば相手との距離など）、姿勢の変化が何を意味するかなどを、すでに学んできた。

これらの知識を駆使すれば、ボディー・リーディングでもっとも難しいテクニックにも挑戦できるだろう。すなわち、**けんかにおいて隠れたメッセージを読み解き、場の空気をやわらげるテクニックである。**

たとえ意見がぶつかっていても、夫婦の絆を保てるような身体言語はある。四つのポイントを挙げよう。

1．リラックスして笑顔を見せる

夫婦げんかにおいては、口で話す言葉よりも身体言語のほうが重要である。これは多くの心理学者が証明するところだ。その一人、オーストラリアのエイドリアン・B・ケリーは、二〇〇三年にグリフィス大学での研究でこれを証明している（たしかに実感としても納得できる。**ポジティブな感情は言葉よりも身体言語のほうがずっと早く伝わるものだ**）。さらにケリーら研究チームは、幸せな夫婦は笑顔を多く交わし合っていることを発見した。反対に関係がうまくいっていない夫婦は笑顔もあまり見られず、身体を硬くしてお互いにそっぽを向きがちだという。

2．相手をよく見て、あくびをしない

ネガティブな感情をぶつけるのと同じくらい夫婦関係を傷つけるのが、受け身のコミュニケーションだ。**感情面での絆が切れてしまった夫婦は、会話中も相手をほとんど見ない。**しょっちゅうあくびをし、「どうでもいい」という態度をとる。これは「感情面での離婚」と呼ばれるコミュニケーション形態だ。発見したのはニューヨーク州立大学の心理学教授デイビッド・A・スミスとその研究チームである。

興味深いことに、研究によればネガティブなコミュニケーションをする夫婦でさえ、受け身タイプの夫婦よりは幸せを感じていたという。要するに、「疲れてるから」なんて言い訳は厳禁ということだ。

3．アイコンタクトやうなずきをたくさんする

うなずきはコミュニケーションをスムーズにしてくれる、いわば万能薬だ。これは女性の得意分野でもある。女性は生まれつき男性よりも多くうなずく傾向があるからだ。アメリカの進化心理学者モニシャ・パスパティは、六十九組の夫婦のコミュニケーションを調査した結果、次のようなことを発見した。**幸せな夫婦はそうでない夫婦よりずっと頻繁に、アイコンタクトや励ますようなうなずきを通じて「あなたの話をちゃんと聞いていますよ」と伝え合っていたのだ。**良好な夫婦関係を築くため、ぜひ参考にしたいヒントである。ただし六十歳以上のみなさんは今の話は忘れてもらってかまわない。というのも、研究によれば六十歳以上の夫婦については、幸せでもそうでなくても聞く姿勢に特に違いは見られなかったからだ。

4. 相手の目線に気を配る

女性は男性に比べて対立を感じ取るアンテナが鋭い。そのためストレスを抱えやすい傾向がある。女性がすでに対立の気配を感じているのに、男性のほうは「すべて順調」と思い込んでいることも少なくない。

パートナーが不満を抱えているかどうかは、簡単に見きわめられる。**注目すべきは「目線」だ。**男性のみなさんにおすすめしたいのが、次の方法だ。

シティ大学ロンドンの心理学者フィオナ・パターソンらの研究によれば、**僕たち男性は、何**

か不満があると、いつもより頻繁に相手をじっと見つめるのだそうだ。そのため不満を抱えたカップルはお互いに見つめ合うことが多くなる。また非難や要求があるときも強いアイコンタクトが見られる。特に女性は、そうした状況ではまっすぐ相手の目を見る人が多い。

ただ、一つ注意してほしいのは、うれしいときもアイコンタクトは多くなることだ。しかしポジティブなアイコンタクトの場合は、ほぼ必ず笑顔がともなう。これは不満などのネガティブなアイコンタクトではけっして見られない特徴だ。そして、こうしたネガティブな気分は、言葉で示さなくとも相手に伝染してしまう。

これらをふまえて、先ほどの夫婦げんかの望ましいパターンを見てみよう。

まず夫が言う。「スピーカーはこっちの壁に取りつけようよ。この位置なら最高のサウンドを楽しめる」

妻はうなずいて理解を示しつつ、やんわりと答える。「たしかにそうね。でも、見た目的にはあまりよくないかも。リビングがかなり見苦しくなると思うわ」

夫はうなずきながら、こう指摘する。「うーん、でもスピーカーで大切なのは見た目じゃないよ。音楽を聴くためのものなんだから」

妻は言う。「そうかもしれないけど、できれば見た目もよくしたいわ」

夫は尋ねる。「そうか。じゃあ君はどこに置きたいんだい？」

するとおそらく妻は、カーテンの陰やソファーの下など、目につきにくい場所を挙げるはずだ。ユーモアをもってそれを受け止めよう。そして、二人ともが満足できる場所を見つけるまで、一緒に考えるのだ。さもないと妻は何かの機会にさっさとスピーカーを別のところに移してしまうだろう。ちなみに、これは僕自身の体験談だ……。

相手のやることがどうしても気に入らないとき、どうすればいいか？

あなたの考え方次第で、あなたの目に映る世界は変わる。それに応じて、あなたの行動も変わってくる。

たとえば嫌なことばかり考えていると、嫌なものばかりが目に入るようになるだろう。すると、ものの見方も行動も、それに応じてネガティブなものになってしまう。だから物事のよいところに目を向けられる人は、そうでない人より確実に幸せなのだ。

パートナーと人生を共にしている人は、相手をどれくらい愛しているかで自分の幸せも変わってくる。愛が消えつつある二人は、相手への疑いばかりが湧き起こり、イライラをぶつけ合ってしまう。すると二人の関係はますます壊れていくだろう。だから相手の欠点ばかり見るのではなく、恋に落ちたあのころに心惹《ひ》かれた長所にもっと目を向けるべきなのだ。

だが、**相手のやることがどうしても気に入らないときは、どうすればいいのだろう？** たしかに、状況を変えることはできない。だが、その状況に対する自分の考えと対処のしかたは自力で変えることができるだろう。世界はあなたの思う通りにある。すなわちあなたには、世界についてどう考えるかを自由に選ぶ権利があるのだ。

ここでもう一度、「エネルギーは注意を向けた方向に向かう」というあの言葉を思い出してほしい。そうすればすぐに気づくだろう。**誰かを批判すれば、それは相手だけでなくあなた自身をも追いつめることになる。**なぜなら、批判することでますます相手の嫌な点ばかりが目につくようになるからだ。

けんかばかりの険悪なカップルも、お互いに文句ばかり言うのはやめて、代わりに意識して相手を褒めるようにすれば、それだけでよりよい関係を取り戻せるだろう。言葉や身体言語で相手の短所をあげつらうより、相手を愛し、それを伝えるほうがずっと心地いいはずだ。

これは、自分自身についても言えることだ。**自分のことを好きになれない人は、他人を好きになることもできない。心の中で自分を批判していると、ストレスが溜《た》まる。するとだんだんと筋肉までこり固まってくる。首や肩がこわばった状態でぎこちなく動いていては、「親しみやすい人」には到底見えないだろう。**

もちろん、多少自分を責めるくらいなら、ここまでひどくはならない。だが絶えず自分を攻撃していると、そのうちいつも**唇をかみしめ（これは何かを受け入れたくないというサインだ）、肩こりで首が動かないものだから横目で相手を見やり（威嚇《いかく》のサイン）、頭をまっすぐに固定したまま話し（これはときに対立のサインとなる）、不安から指や鉛筆でデスクをコツコツ叩《たた》く（支配のジェスチャー）**ようになってしまう。

誰かを批判するよりも、その人のよいところを褒め、あるがままの姿を受け入れるほうがずっと合理的だと僕は思う。しかも、これは心の中で思うだけでもいいのだ。

怒りが湧いてきたとき、一瞬で落ち着く方法

今度もしパートナーとけんかになったら、ぜひ試してほしい方法がある。**激しい言い合いをしているその相手が、美しい花畑に立っているところを想像しよう。**一面に咲き誇る花々、息をのむような美しい景色、相手を取り巻く何もかもが輝いている――。

さらに、**相手を心の中で褒めるだけでも効果はある。**たったそれだけで、けんか中でも何かが変わるのを感じるはずだ。相手への攻撃心が薄らぐのだ。

あなたの思考は、身体に大きな影響を与える。だからまったくのお世辞でもかまわないので、

意識して相手のよいところを考えていれば、あなたの身体シグナルも自然とポジティブなものに変わってくる。顔つきが柔らかくなり、身体言語もリラックスしたオープンなものになるだろう。すると、言い争いもずっと平和的なものになる。しかもおもしろいことに、これは電話でも同じだ。相手のよいところを思い浮かべるだけで、声の響きまで変わるのである。

映画『スター・ウォーズ』で、ジェダイ・マスターのヨーダが若きルーク・スカイウォーカーに「おのれの感情に従え」と語り聞かせるシーンがある。僕は大の『スター・ウォーズ』ファンだが、ヨーダのこのアドバイスにはあまり同意できない。というのも、感情というのは多くの場合、けっしてよきアドバイザーとはいえないからだ。

たとえば、**パートナーに対してものすごく腹が立ったときはどうすればいいか？　そういうときこそ感情まかせに動いてはいけない。**

けんかとはたいてい、真の問題点を話し合うのではなく、感情レベルでの言い合いに発展しがちだ。すると、ネガティブな感情によって互いの間に壁ができ、最悪の場合は相手を傷つけたり挑発したり、はては軽蔑するような反応をしてしまう。そして、それは確実に二人の関係を終わりへと導くシグナルだ。したがって、たとえどんなに頭にきても、その感情に身をゆだねるべきではない。

できれば少し外に出て（ドアをバタンと叩きつけたりせずに）、道端の木に向かって憂さ晴らしをしたり、辺りをジョギングしたり、サンドバッグをめった打ちにしたり……何をしてもいいが、とにかく相手に怒りをぶつけてはいけない。少し頭が冷えてから、あらためて冷静に話し合ってほしい。

では、**なぜ感情に従ってはいけないのか？　それは、感情とは僕たちの思考と行動「から」生まれるものであって、その逆ではないからだ！**

「一目惚れ」と「緊張」の身体の反応は同じ!?

感情が生まれた後に行動が生まれるわけではないという事実は、少し意外に思えるかもしれない。だがこのことはすでに一九六〇年代に、アメリカの社会心理学者スタンレー・シャクターによって証明されている。

彼は次のような実験を行った。まず実験参加者に「サプロキシン」というビタミン剤を注射し、効果が出るまで待つよう説明して別室に待機してもらった。この部屋には、もう一人別の実験参加者がいる（じつはサクラだが、参加者には知らされていない）。とても陽気な人物で、部屋の中を動き回ったりフラフープで遊んだりと、とにかく活力に満ちている。この男性としばらく同じ部屋で過ごした後、参加者にはアンケートに答えてもらった。すると全員が「とても気分がいい」と答えたのだ。彼らはいわゆる「**多幸条件**」に置かれていた。

翌日、別の実験参加者にも同じようにビタミン注射をして、サクラのいる別室に待機してもらった。ただし、今度のサクラはとても不機嫌そうで、アンケートに答えながら絶えず口汚くののしり、しばらくして悪態をつきながら部屋をあとにした。その後アンケートで実験参加者に今の気分を尋ねたところ、「腹が立っている」という答えが返ってきたのだ。この参加者たちが置かれていたのは「**不機嫌条件**」だ。

この実験では、二つの異なる条件が異なる作用を引き起こしたのである。実験の参加者には知らされていなかったのだが、ビタミン剤だと言って注射されたのは、じつはアドレナリンだった。そのため参加者は全員脈が速くなり、手がかすかに震えるなど、潜在的に興奮状態にあったのだ。

さて、ここがこの実験のクライマックスであり、僕の伝えたいポイントなのだが——シャクターはこの実験によって、まったく同じ身体反応が状況によって異なる感情を引き起こすことを証明したのである。

たとえば、あなたが誰かに一目惚《ぼ》れしたとしよう。すると脈が速くなり、手が震え、口の中が乾いてくる。にもかかわらず、あなたは幸せな気分だ。なぜなら、こうした反応は恋に落ちたせいだと判断するからである。

ところが、これが人前で講演をするという状況だったらどうだろうか？　身体反応はおそらくまったく同じだろう。脈が速くなり手が震え、口の中が乾く。だが今度は、幸せな気分とはほど遠いはずだ。**つまり、僕たちの脳がある身体反応を「恋」と「緊張」のどちらの感情ととらえるかは、完全に状況次第なのである。**

したがって、ある感情が起こるときの順序は、「人前で話さなくてはならない→緊張する→だから心臓がドキドキする」ではない。正しくは「人前で話さなくてはならない→心臓がドキドキする」ときて、ここであなたの脳は自分の置かれた状況を確認する。そのうえで、「これは恋や期待のドキドキではない。緊張しているのだ」という診断を下しているのだ。

感情のままに動くのは合理的でないばかりか、感情的な思考パターンにとらわれてしまうという弊害ももたらす。感情に流されてしまうと、僕たちは「いつも」とか「また」とか「一度も〜ない」といった言葉で物事を決めつけてしまいがちだ。「いつもそのへんに物を置きっぱなしにして」、「また帰りが遅い……」「あの人は一度だって夕飯の買い物をしてくれない」などという感情に、心を支配されてしまうのだ。こうした言葉は、心に浮かぶだけでも有害だ。だから、感情に従って思考するのではなく、感情を思考に従わせよう。

ただし、もちろん感情を抑えつけろといっているのではない。自分の感情をきちんと見つめ、それに従うべきか否かをしっかりと見きわめる必要があるということだ。あなたを動かすのは、あなただけなのだから！

初デートで行くべき場所

ここまでに学んだことを活用すれば、気になる人との最初のデートもうまくいくだろう。要は、デートではなるべく興奮するようなことをすればいい。

たとえばジェットコースターに乗ったり、スリル満点の映画を見たり、高い山に登ったりするのがおすすめだ。するとお相手はこうした活動によって生じた心臓のドキドキを、あなたと結びつけて考える。「このドキドキはこの人と一緒にいるからだ」と勘違いし、スリリングな映画のせいだとは思わない。これは「**吊り橋効果**」と呼ばれる。

このように、身体的な原因で起こったことを感情的なものと勘違いする現象は、拙著『心を上手に操作する方法』でも紹介した。これはその後テキサス大学の研究でも裏づけられている。心理学者のシンディ・メストンとペニー・フローリリヒは、ジェットコースターに乗る前と乗ったあとの人々にインタビューをした。その際、男性には女性の写真を見せ、どれくらい魅力的だと思うか尋ねた。するとジェットコースターに乗ったあとの人たちは、乗る前の人たちより**も写真の女性を魅力的だと感じていたのだ！**　ジェットコースターによって上がった心拍数を、写真の女性へのドキドキと勘違いしたからである。

つまり、感情というのは、何がきっかけで生じるかわからない。だから、安易に従うべきではないのだ。自分の中で何らかの感情に気づいたら、それが「従うべき感情」かどうかをきちんと見きわめよう。

第8章

家庭で「しぐさ」を見抜く方法

「パパ、コーラ飲んでいい?」

その日の僕は、隣国オーストリアで人生最大の大舞台を終えたばかりだった。何千人という観客に、巨大な会場、マイケル・ジャクソンばりの舞台装置。壮大なショーだった。翌日は日曜日で休みだったので、僕は少しでも早く家族に会いたいと家路を急いだ。そして興奮も冷めやらぬまま、玄関のドアを開けた。

さあ、舞台スターの帰還だ。みんな盛大に迎えてくれるに違いない! 下の娘がかけ寄ってきて、うれしそうにこう言った。

「コーラを飲んでいい?」

二週間もの間家族のもとを離れ、ショーと移動で休む間もない毎日を送った末にようやく帰り着いた我が家で、この一言。だが、よき父として、四歳の娘に答えてやらないわけにはいかない。

「いいや、だめだよ!」僕は言った。「おうちにはコーラはないって知っているだろう?」

「ううん、あるもん!」と娘。彼女が言うには、昨日具合が悪くて一晩中吐いていたから、お母さんがコーラを買ってくれた、とのこと。

「なるほどね」

そこへ今度は、息子が階段をかけ降りてきた。

「一人だけずるいよ！　だったら僕も飲みたい！」

「待ちなさい、パパはコーラを飲んでいいなんて一言も言っていないよ」

そのとき、子ども部屋のほうから声がした。「トルステン？　悪いけど吐きバケツの中身を捨ててくれない？」。妻の声だ！　舞台スターが吐瀉《としゃ》物の処理を頼まれるなんて！

もしこの瞬間に、誰かが僕に「感情レベルと身体レベルのバランスを保ちなさい。そうすれば心に平穏が訪れます」なんて言いでもしたら、そいつに頭からバケツの中身をぶちまけていただろう……。

僕だってつねに冷静でいられるわけではない。その日、我が家の犬がいつにもまして騒々しくリビングを吠えまわり、コーラをめぐって新たなけんかが始まる中、僕はたしかに我慢の限界を迎えていた。だがたいていの場合、「感情レベルと身体レベルのバランスを保つこと」はかなり効果があるのだ。

僕はこうした状況ではいつも、大好きなあの法則を思い出すことにしている。**「エネルギーは注意を向けた方向に向かう」。気に入らないことにばかり意識を向けていると、悪い面ばかりが目につくものだ。そうするともっとイライラしてくるし、身体言語にもそれが表れる。動**

きがせかせかしてきて、口もとが歪《ゆが》む。すると相手もそのシグナルに気づいて、距離をとったり拒否感を示したりしてくる。それがまたこちらをイラつかせる……というように、負のスパイラルが止まらなくなるのだ。

そんなことになるくらいなら、嫌なことより望ましいことに目を向けたほうがずっと有意義だ。これは難しいことだが、けっして不可能ではない。

たとえば僕は舞台に上がる前、こんなふうには考えないようにしている。「ああ、こんなにたくさんお客さんが……失敗したらどうしよう」。代わりに、こう考えるのだ。「ああ、こんなにたくさんお客さんが！　これだけ多くの人が僕のショーを見に来てくれるなんて！」。すると、幕が開くのが楽しみになる。そしてその気持ちは、観客にもすぐに伝わるのだ。

赤ちゃんの「あくび」は、何のサイン？

子どもの、特に自分の子どもの身体言語を読み取ることは、さまざまな点で役に立つ。そもそも一歳未満の赤ちゃんの場合は、それが親子の唯一のコミュニケーション手段となる。だが「赤ちゃんにできる表現なんて泣くことと、あとはわずかな表情くらいだろう」と考えているのなら、それは間違いだ。**言葉を覚え始める生後十二か月までの間、乳児はとても多彩な非言**

語コミュニケーションを行っている。当然だろう。世話をしてもらわなければ生きられない幼児や赤ちゃんにとって、自分の望みを伝える必要性はとても大きい。

この時期の赤ちゃんは、口よりも手のほうが発達している。そのため親と赤ちゃんが手を使って意思疎通する**「ベビーサイン」**という手法も編み出された。これは手によるジェスチャーを基本としたコミュニケーション手法だ。たとえば赤ちゃんが親指を上げたら、「もっと」のサイン。手を口にもっていったら「食べる」を意味する。さらに生後七か月になると、「バイバイ」のような簡単なジェスチャーや、手を翼のようにぱたぱたさせる鳥のサインを真似できるようになる。手の運動機能が発達してくるため、こうした簡単なハンドサインを喜んで真似るようになるのだ。

ベビーサインは親から赤ちゃんへ、赤ちゃんから親へという双方向のコミュニケーションを促進するため、子どもの言語と感情の発達にとてもよいらしい。僕自身は我が家の子育てでベビーサインを使うことはなかったが、それでも赤ちゃんの気持ちはかなり正確に読み取れた。それはたぶん僕がボディー・リーディングを生業にしているからだろう。

ところで、**赤ちゃんの声や表情が意味するところは世界のどこでも共通である。**悲しければ泣き、楽しければ笑う。ドイツでもタイでもチェコスロバキアでも同じだ。世界のどの赤ちゃんも、相手とコンタクトしたければ顔をそちらに向け、そうでなければ顔をそむける。だが、こうしたわかりやすいシグナルに加えて、もっと複雑で読み解きにくいサインもある。たとえば、**赤ちゃんのあくびは「眠い」と「不快」のどちらのサインともとれる。頻繁にまばたきするのは興奮しているからか、そろそろ眠たいかのどちらかだ。**

もっと判別しやすい欲求もある。小児セラピストのバーバラ・ディーポルトは、親たちがよく赤ちゃんの口もとを触っていることに気づいた。あごの筋肉の緩み具合を確かめているのだ。**子どもは眠くなるとあごが弛緩し、口がわずかに開く。ただ、何かをしゃぶる動作を始めたら、それは眠いのではなくお腹が空いている。満腹になれば赤ちゃんは口を閉じ、そっぽを向く。**

わずか一〇秒で、赤ちゃんも母親の心を見抜く

赤ちゃんには、親の表情を読み取る力もある。キャッキャと笑う赤ちゃんに母親が笑顔を返すと、すぐに「自分が笑うとポジティブな反応が返ってくる」と気づくのだ。ただし、わざとらしい笑顔は嫌われる。母親が不自然に長くこわばった笑顔を見せると、赤ちゃんはすぐに異変に気づいて泣き出すという。

これについては「**無表情実験**」という、とても印象深い実験がある。僕のテレビ番組「身体

言語の秘密」でも再現したのだが、もともとは一九七四年にアメリカの心理学者エドワード・トロニックが行ったものだ。彼はこの実験によって、赤ん坊の初期コミュニケーションに関するそれまでの常識を覆したのである。

この実験では、まず母親に赤ちゃんと遊んでもらう。はっきりした表情を浮かべながら、赤ちゃん語で声をかけたり目を丸くしたりしてみせると、赤ちゃんも笑ったりバブバブ言ったりして母親のシグナルに応える。次に、母親には無表情で赤ちゃんに接してもらう。表情をまったく変えず、赤ちゃんを見るときも平坦な顔つきのままだ。すると、赤ちゃんの反応はまたたく間に変化する。母親からリアクションを得ようと、大きな声をあげ、激しく身動きをして注目を引こうとするのだ。そして、すぐに泣き出してしまう。ここで母親が無表情をやめて笑いかけると、赤ちゃんはぴたっと泣きやみ、すべてはもと通りに戻るのだ。

この実験で僕が驚いたのは、赤ちゃんが「何かがおかしい」と気づくスピードの速さだ。**反応が変わるまでにかかった時間は、たったの一〇秒ほどだった。**

こわばった無表情というのは、見る者の心に不快感を呼び起こす。何の情報もシグナルも読み取れず、相手が何を考えているかわからないからだ。これは無表情だけでなく、わざとらしい表情すべてに当てはまる。

だから僕らは、**絶えずつくり笑いを浮かべる人に対しても、同じくらい不快に感じる。**やはり本心が読み取れないからである。その笑みはまったく空っぽなのだ。

ところで、テレビ番組でこの実験を再現したときは、赤ちゃんの様子にかなり心が痛んだものだ。だが参加してくれた母親が、この実験によって子どもが心に傷を負うことはないと請け合ってくれた。彼女は小児科医なので、その言葉を信じたいと思う。

赤ちゃんは「表情を真似てあげる」と安心する

赤ちゃんに「あなたの気持ちをちゃんとわかっているよ」と伝える一番の方法は、いったい何だろうか。それは、顔つきを真似ることだ。前にも紹介したアメリカの心理学者ポール・エクマンはこれについて**「参照表情」**という考え方を説明している。

大人が赤ちゃんの顔つきを真似るのは、同じ気持ちになるためではない。「あなたの気持ちはわかるよ」と伝えるためだ。たとえば、あなたの**赤ちゃんが悲しそうな顔をしていたとする。このとき、励まそうとにっこり笑いかけたりしてはいけない。**まず少しの間同じ表情をしてみせることで、「悲しいんだね、わかるよ」と伝えてあげよう。それから笑いかけたほうが、赤ちゃんはすんなり理解できるのだ。

一つ例を挙げよう。赤ちゃんがテーブルの上のフォークをつかんでいる。あなたは危ないのでやめさせようとフォークを取り上げ、首を振ってみせてから、それをどこか目の届かないところにしまう。首を振る動作が僕たちの文化で「だめ」を意味することを、赤ちゃんはまだ知らない。こうした日常の場面は、それを学ぶいい機会だ。フォークを取り上げられた赤ちゃんは、おそらく泣き出すだろう。手にしていたものを取られたから、そして好奇心のままに動くことの何がいけないのかが理解できないからだ。

ここであなたが赤ちゃんに笑いかけたら、その子は混乱するだろう。「自分は悲しいのに、なんで笑ってるの？」と思ってしまう。だから、**まずはその子の悲しむ顔を真似てあげ、「あなたが悲しいことを私はわかっているよ」とフィードバックする。赤ちゃんにとっては、そのほうが理解しやすいのだ。**

そして、何か別のおもちゃを与えながら、ここで笑顔を浮かべよう。そうすることで「気持ちはわかるけど、そんなに悲しまないで。別のおもちゃで遊ぼうよ」と伝えるのだ。

さて、この本では距離のとり方がいかに大切なポイントなのかを何度も述べてきた。誰かに近づきたい、または距離をとりたいという欲求は、僕たち人間に生まれつき備わったものだ。まだ幼い赤ん坊にもその欲求はある。たとえば、**赤ちゃんの「密接距離」は口の周りだ。**ところが、教育熱心な親たちはときにそれを忘れてしまう。

これはその昔、我が家で実際に起こった出来事だ。僕はまだ赤ちゃんだった娘におかゆを食べさせていた。そのうち娘はぷいと顔をそむける。「もうお腹いっぱい」のサインだろうと僕は解釈した。だが、皿にはまだおかゆが残っている。今から思うとなぜそんなことをしたのかと思うのだが、当時の僕は「残さず食べさせなくては」と考えた。

こうして間違いは起こった。僕は小さなスプーンを娘の顔に近づけた。つまり、距離を縮めたわけだ。娘はますます顔をそむける。それでも僕がスプーンを突きつけたままでいると……娘はその小さな手で、スプーンを僕の手から叩《たた》き落とした。そして口の中のおかゆを吐き出したのだ。**顔をそむけるという最初のシグナルを見逃さなければ、こんなことにはならなかった。**

それにしても、ベルリンの大群衆の中からたった一人を探し当てるこの僕が、娘の顔の向きを見逃すなんて、まったく呆《あき》れた話だ。

子どもの嘘は「足先」で見破れ!

子どもは自分の感情や身体を、まだ大人のようにうまくコントロールできない。そのため、子どもの心は読みやすい。子どもの身体言語は素直で嘘《うそ》がないのだ。心がそのまま表れている。それに、彼らの非言語サインは大人とほぼ同じだ。

僕の家庭の例をもう一つ紹介しよう。我が家の子どもたちは昔、家のどこかに何かを隠して、僕にそれを探させる遊びが大好きだった。たとえば冬に「靴下で歩きまわらずに室内履きを履きなさい」と注意すると、履き物の片方が急になくなってしまう。「どこにあるか探してみて！」というわけだ。僕はかわいい子どもたちに室内履きを履かせるべく奮闘することになった。ほかにもお気に入りのぬいぐるみや、その他さまざまな物、はてはきょうだいの一人までもが消えてしまい、それを僕が探すことになるのだ。隠し場所もまた何でもありだった。屋根裏部屋に、犬のベッド。ときにはゴミ箱の中なんてこともあった（この場所を免れたのは、お気に入りのぬいぐるみときょうだいだけだ）。

もちろん、僕はいつもこの挑戦を受けて立った。まさに両方が得をする「Win-Win」の状況だからだ。子どもたちは楽しめるし、僕にとっては技術を磨くいいトレーニングになる。もしあなたがボディー・リーディングを習得したいなら、最初はこんなふうにお子さんと探し物ゲームをするのがおすすめだ。**こういうゲームでは、子どもはたいてい進むべき正しい方向を見てしまう。特に、足先がそちらを向くことが多い。それに隠し場所に近づくと顔に笑みが漏れ、隠し場所から遠ざかる方向に立とうとするのだ。**

幼い子どもの身体言語は正直だ。だが、それは必ずしもよいことばかりではない。欲しかったお菓子を買ってもらえないと、店の中を走りまわり、床に思いっきり身を投げ出して駄々をこねる。おばあちゃんが何時間もかけてつくった手料理だって、おいしくなければ顔をしかめて皿をどけてしまう。年が上がるにつれて行儀よくはなるが、子どもの根本的なところはやはり変わらないものだ。我が家の十一歳になる上の娘は、料理がまずくても、もうテーブルを離れたりはしない。ただ、よく見ると足はドアに向かってぶらぶらと揺れているし、かかとは上がり、足の筋肉がぴんと張っている。それでも席を立つことはない。

娘もだんだんと大人になってきたということか。

子どもに言うことを聞かせるトリック

「ボディー・リーディングの知識をプライベートでも使ってらっしゃるんですか?」と、よく聞かれる。実際、**我が家の子育てでは、ボディ・リーダーとしての観察力や自分の身体言語を意識的に使う手法、それに巧みな心理トリックが大いに役に立っている。**そこで、ここでは家庭でよくある四つのシチュエーション別に、身体言語やその他のトリックをうまく活用する方法をご紹介しよう。これらを実践すれば、子どもが言うことを聞かなくて困ることもなくなる。うまくいけば、こちらが望むような行動にさりげなく誘導することもできるだろう。

■「残さず全部食べなさい！」と言いたいとき

我が家では、子どもが自分で皿に料理を取りすぎて残してしまったときにだけ、こう言って叱ることにしている。こういう場面で使えるとても簡単な方法が三つあるので、あなたもぜひ試してみてほしい。

1．大きめの皿に取り分ける

普通の量のおかずも、大きな皿に盛ったのと小さな皿に盛ったのとでは見た目の印象がまったく違う。大きな皿だと、料理がかなり少なく見えるのだ。身体言語と同じで、ここでもスペースの使い方がポイントとなる。

2．緑や青の皿は使わない

服装でもそうだが、特定の色は特定の性質を連想させる。青いスーツは「まじめそう」に見えるが、青い皿は「かびっぽい」というイメージを与えてしまうのだ。嘘ではない。食品における青や緑は「かびが生えている」または「腐っている」ことを連想させてしまう。

また、皿に盛った料理を残さず食べてほしいなら、赤い皿もあまりおすすめできない。赤は「ストップ」のサインだからだ。**残さず食べきってもらうには、白い皿が一番だろう。**

3. お菓子を置かない

子どもがお菓子ばかり食べてしまう……というご家庭には、とても有効な手がある。家にあまりお菓子を買っておかないことだ。

■「食卓ではお行儀よくしなさい!」と言いたいとき

友人のお宅やレストランで、または自宅に客を招いたとき、子どもが行儀よくしてくれれば、それはとてもいいことだ。そして、子どものテーブルマナーは、ときにちょっとしたことで改善できる。

子どもは真似ることで学んでいく生きものだ。ちなみに大人もこの「真似る」という習性を捨てきれていない部分がある。**試しに誰かに「腕を垂直に上げてみて」と言いながら、自分は腕を水平に上げてみよう。すると相手は「垂直」と言われたのに、あなたの動作にならって腕を水平に上げてしまう。**同じように、子どもが食卓で行儀悪く振る舞うのは、あなた自身がどこかそんなふうに振る舞っているからかもしれない。もしそうなら、あなたのその動作を変えないかぎり、どんなに言葉で言い聞かせても効果は薄いだろう。これは子育てだけでなく、日常のあらゆる場面に言えることだ。

■「宿題をちゃんとやりなさい！」と言いたいとき

これは永遠の戦いである。僕がまだ子どもだったころ、母親に「あんたも将来、あんたみたいな子を持つといいわ！」と言われたものだ。残念ながら、その願いは現実となった。我が家の子どもたちも、なかなか素直に宿題をやってくれない。僕と妻は子どもに宿題をやらせるために、「この数学の方程式がなぜ大事なのか」や「なぜ〝viel〟（たくさん）をfでなくvと綴《つづ》らないといけないのか」を何時間も説明するはめになる。そんなとき、僕が武器にしている効果的な身体言語テクニックを紹介しよう。

1．うなずきのテクニックを使う

前にも紹介したが、うなずくことで、僕たちは自分の思考に向けて「これは正しい」というシグナルを送っている。そこで、**子どもがなるべく多くうなずくように仕向けよう。方法は簡単だ。あなた自身がうなずけばいい！**　たとえば、次のように言いながらうなずいてみよう。

「予習は大事だって、お前もわかっているだろう？　それに毎日少しずつやれば、きっと大きな力になるさ」

2．「横の」影響力を使う

このテクニックが効果的なのは、親子によくある上から下への「縦の」言いつけではなく、子どもと同じレベルからアプローチするからだ。わかりやすい例を挙げよう。**子どもがピアノの練習をさぼってばかりいるときは、その子が大好きな人や共感できる人を引き合いに出すといい。**たとえば子どもがレディ・ガガのファンだったら、こう言おう。「レディ・ガガはピアノも弾けるんだよ。でもそれは、もともと才能があったからじゃない。たくさん練習したからさ」。彼女がこんなにも有名なのは、昔も今もずっと努力してきたからだ、見習うべきだと思うよ、という具合だ。

そのほかの有名ミュージシャンでも同じように言えるだろう。ただし、数学の勉強をやらせたいときにレディ・ガガは適任とはいえない。そんなときは、数学がとてもよくできる友達を例に出すといい。

一方、**絶対に避けるべきは、こんな言葉だ。「なんで遺伝しなかったんだろうなあ。パパは昔数学がすごくできたんだぞ」**。これはまったくの逆効果だ。ちなみに、僕の場合はそもそも真っ赤な嘘になる。

■「もういいかげんに寝なさい！」と言いたいとき

子どもは目にした身体言語をそのまま真似る。だから親たちが忙しく起きていれば、子どもだって静かに眠れるはずがない。まず親のあなたがゆったりした気分になること。それから、以下のステップを試してほしい。

1.「寝る前の儀式」を決めておく

子どもと一緒に眠る前の儀式をしよう。アメリカの心理学者で眠りの専門家でもあるジョディ・ミンデルは、**子どもが眠りにつくためには、「儀式」がとても大切だと述べている。**ちなみに我が家の三人の子どもたちは、寝る前にその日あったことを語るのが大好きだ。今日はどんないいことがあって、どんな嫌なことがあったか、口々に話してくれる。この儀式は一緒に一日を締めくくれるだけでなく、子どもの最近の様子を知るのにも役に立つ。

2.ミラーリングをする

「エネルギーは注意を向けた方向に向かう」というあの言葉は、ここでも健在だ。**子どもを静かに寝かしつけるには、少しの間添い寝をしながら子どもと同じテンポで呼吸するといい。**小さな子どもは息の音も小さいので、最初は少し難しく感じるかもしれない。だが、完璧に同調できなくても問題ない。できるかぎり呼吸を合わせよう。これは子どもとのあいだに深い絆《きずな》を築く基本メソッドだ。

これはつまり、ミラーリング（146ページ参照）である。一緒のベッドに横になり、呼吸のテンポを合わせることで、あなたは子どもの行動をミラーリングしているのだ。しばらくしたら、そっと主導権をとり、次第に呼吸をゆっくりとしていく。そして、目を閉じよう。すると、子どもも同じようにするはずだ。あなたは深くリラックスし、さらに呼吸を続ける。吸うときは頭のてっぺんを、吐くときはお腹を意識しよう。子どもにも同じように説明して「一緒にやってごらん」とすすめてもいい。僕の場合、ここで子どもよりも先に眠ってしまうこともしょっちゅうだ。それでも、子どもたちはいつも僕を追って眠りに落ちている。

第9章

職場の人間関係も「しぐさ」でうまくいく

超満員の観衆を納得させてしまう「しぐさ」とは？

セミナー会場は満員だった。僕の講演「マインド・リーディングとゲーム理論」を聴きに百人以上の研究者が集まっている。僕はいつもよりずっと緊張していた。なぜか？　それはあとでわかる。

さあ、セミナーが始まった。主催者が挨拶したのち、聴衆に僕を紹介する。控えめな拍手が起こった。まだ少し堅い雰囲気だ。僕は壇上に上がり、スピーチを開始した。導入部分を終えたところで慎重にジョークを挟み込むが、聴衆からの反応はない。だが大丈夫、順調だ。

いよいよ本題に入る。僕は論旨を展開し、図表を示し、次々と考えを述べていった。会場の雰囲気が少しずつ熱をおびてくる。六十分の講演を終えるころには、聴衆はすっかり話に聞き入り、温かい拍手を送ってくれた。

その後、会場の人たちに「この講演をどれくらいよいと感じましたか」というアンケートに答えてもらう。結果、評価は上々だった。僕はほっとした。非常にほっとしたと言っていいだろう。なぜなら……。

なぜなら、この講演はまったくのデタラメだったからだ！　僕が語ったのは内容などまったくない、支離滅裂な話だった。**これは「話の内容がめちゃくちゃでも、自信に満ちた態度と巧みな身体言語があれば聴衆を納得させられるか」を調べるための実験だったのだ。**

そして、実験結果は「イエス」だった！

この実験を考えたのは僕ではない。もともとはアメリカの社会心理学者ドナルド・H・ナフトゥリン、ジョン・E・ウェア、フランク・A・ドネリーがさまざまな大学で実験をしたのが最初である。一九七〇年、彼らは「専門的な講義において、話し手の振る舞いや態度が講義への評価にどう影響を与えるか」を調査した。このとき彼らが用意した講義は、「医師の育成における数学的ゲーム理論の利用について」。教壇に立つマイロン・フォックス博士は、じつはマイケル・フォックスという俳優が演じた偽の教授だった。

ちなみに、あの有名俳優マイケル・J・フォックスとは別人だ。彼は当時まだ九歳だったのだから。余談だが、マイケル・J・フォックスが芸名に「J」を入れたのは、実験に参加した俳優のフォックスと間違われないためだったという。なにしろこの実験は「ドクター・フォックス実験」として歴史にその名を残しているのだ。

では、支離滅裂な話でも思わず納得してしまうような身体言語とは、はたしてどんなものなのか？　本書をここまで読んできたみなさんなら、おそらくもうおわかりだろう。まず、**自信**

と確信に満ちた、大きくオープンな身振り。それに、話の内容に不安があるなどとは微塵《みじん》も感じさせないような声のトーンも大切だ。

自信がなさそうにやたらと手を動かしたり、困ったように視線をさまよわせて天井を見つめたり、唇をかんだりといった身振りは、確実にマイナスとなる。

この実験が教えてくれたこと、それは堂々とした態度がいかに効果的かということだ。巧みな振る舞いは、ときに話の内容そのものよりも強い説得力をもつ。

だがよく考えてみれば、これはあなたの職場でも同じではないだろうか？　そういうわけでこの章では、ビジネスの場において、身体言語をいかに活用するかを見ていこう。

コミュニケーションの九三パーセントは身体言語を通じて行われる。言葉の内容による伝達はたったの七パーセントに過ぎないのだ。これを職場で活用しない手はない。

新しい職場で好かれたければ、周りと服装を合わせなさい

先ほど紹介した実験では、偽のドクター・フォックスは六〇年代の学者によく見られるような濃い色のスーツに白シャツとネクタイという服装で登場した。講義はカリフォルニアで行われたこともあり、聴講者はほとんどがTシャツに短パン姿。話術巧みなドクター・フォックス

はすかさずこの服装のギャップをネタに冗談を言い、笑いをとったという。これで聴衆との距離はぐっと縮まった。

これにならって、僕も例のデタラメの講演ではダークスーツを着ることにした。僕の衣装にはダークカラーの服が多いので、選択肢には困らない。僕は濃紺のスーツに、白いシャツと暗赤色のネクタイを選んだ。このチョイスはけっして「なんとなく」ではない。国際法律事務所に勤めている友人の言葉を思い出したからだ。職場でのドレスコードについて話していたとき、彼はこう話してくれた。

「うちの事務所では、濃紺かグレーのスーツに白か青のシャツ、ネクタイは赤か青と相場が決まっているよ。それ以外を着ていると、信頼できない人間と思われる」

僕は信頼できる人間と思われたかった。そこで濃紺のスーツを選んだわけだ。

だが、注意してほしい。すべての職場にこれが当てはまるわけではない。共に働く人たちが普段どんな服装をしているかは、きちんと意識する必要がある。なぜなら、**僕たち人間は自分と似た人に親近感を抱きやすいからだ。だから周りと同じような服装をしておけば、好感を得られる可能性は高い。**逆に、明らかに周りと違う格好をしていると、仕事上ではスムーズにいかないものだ。にせのドクター・フォックスもこのことを十分理解していた。そこで開始早々に服装の違いをネタにして、自分がそれをきちんと認識していることを示しつつ、笑いによって「目くじらを立てるようなことじゃない」と思わせることに成功したのだ。

服装による親近感については、カナダの心理学者ショーン・P・マキノンがある実験によって証明している。彼の研究結果によれば、**他人と隣合って座るとき、多くの人はなるべく自分と似た人の隣に座りたがる。**マキノンは研究室に何百人もの学生を座らせ、その行動を観察した。研究室に入ってきた学生に「好きなところに座ってください」と指示するのだ。すると、メガネをかけた学生は同じくメガネをかけた人の隣に座り、髪型や髪の長さが似ている者同士も固まって座る傾向があった。Tシャツを着た学生も、ビジネススーツで身を固めた人の隣は避け、同じくTシャツ姿の人の隣に座りたがった。

でも、いったいなぜだろう？　マキノンはこの疑問を解明するため、さらなる実験を行った。まず百七十四人の被験者にそれぞれ八人の人物の写真を見せる。続いて、この八人について「どれくらい親近感を覚えるか」、「自分と趣味が似ていると思うかどうか」を尋ねた。さらに「この人とどれくらい近くに座ってもいいと思うか」にも答えてもらった。その結果、次のようなことが判明した。被験者は**自分と外見が似た人に対しては、好みも似ていると考え、親しみを感じる傾向があるのだ。**

だから、異動や転職にあたっては新しい職場の「ドレスコード」をあらかじめ知っておくに越したことはない。

集団のボスは「時間」を支配する

昔の映画で会社のシーンが出てくると、時代の流れを感じずにはいられない。女性秘書の控える執務室に、大きなデスクと社長椅子。一昔前のハリウッド映画にありがちな社長室の風景だ。それに、一九六〇年代の広告業界を描いたアメリカの人気ドラマ「マッドメン」をご存じだろうか。ニューヨークのマディソン街を舞台にさまざまな広告代理店が登場するのだが、タイトルを見ただけで重要な役職に就いているのは男性だけだとすぐわかる。ドラマ内では男性陣がひっきりなしにタバコをふかし、女性秘書に社内電話であれこれ指示を出す。誰が一番偉いかも一目瞭然だ。デスクが大きく、個人オフィスが広い人物ほど、地位も高い。

こうしたドラマがおもしろく感じられるのは、現代とのギャップが大きいからこそだ。今の会社はさまざまな点で昔とは違う。もちろん昔ながらの社内ヒエラルキー（力関係）がいまだ残っていて、社長室の前に女性秘書を置いているような会社もあるだろう。だが、区切りのない広いオフィスに談話用ソファーやテーブルゲーム、カフェマシンなどを備え、社員の誰もが階級を問わず自由にコミュニケーションできる会社もある。デスクの大きさも全員同じだし、一般の女性社員も女性社長も見た目ではまったく区別がつかないような会社だ。

とはいえ、そうしたオープンな会社にもヒエラルキーはたしかに存在する。命令を下す上司と、それを実行する部下という上下関係はどの会社にも必ずあるのだ。ただ、昔と違って外側からはその構造が見えにくいというだけの話である。

では、**デスクの大きさや個人オフィスの見晴らしのよさや服装といった明確なヒントがもはやあてにならない今、社内ヒエラルキーを見きわめるにはどうすればいいのだろう？**

答えは、もっと細かな部分、すなわち身体言語に着目することだ。

高い役職にある人というのは、多くの場合、その地位を厳しい努力の末に勝ち取っている。数々の障害を乗り越えて出世してきただけに、性格も支配的で、周りを引っぱっていくようなタイプが多い。だから、**役職の高い人はスペースを広くとり、大きな声ではっきりと話す。迷いのない足取りで歩き、ほかの社員にも進んで歩み寄る。その物腰からは超然とした雰囲気と、強い意志が感じられる。**

ただし、すべての上司がそうした支配的なタイプとはかぎらない。優れた専門技能を買われて高い地位についた人もいるだろう。この手の人には、派手で支配的な振る舞いはまったく見られない。

そこで役立つのが、**「時間について決定権をもっている人は誰か」**に着目することだ。通常、それがその場でもっとも地位の高い人である。たとえばミーティングの始まりや終わり、発言の長さなどを決めるのがこの人物だ。また会議にはたいてい最後に現れ、途中で抜けることも多い。誰かに発言を促すこともしばしばだ。

最初に脚を組んだのは誰？

ある種の身体言語に着目すると、社員どうしの上下関係もすぐわかる。多くの人は、自分と似た人と一緒にいると安心感を覚えるものだ。そのため、なるべく他人と同じであろうとする。それが高じて、ついには身体言語レベルでも他人を真似てしまうのだ。

そしてこのとき**最初に何らかの身体言語を発するのが上下関係の上に立つ人、それを真似るのが下に立つ人である。**たとえばミーティングで一人が脚を組んだら、その場にいた人たちが続々とそれにならったとしよう。この場合、このグループのリーダーは最初に脚を組んだ人物だと思ってまず間違いない。たとえ外見的には、そうとわからなくてもだ。

誰が最初に身体言語を発し、誰がそれにならうかを、よく注意して観察してみよう。最初にデスクに鉛筆を置いたのは誰か、それに続いたのは誰か？　誰が最初に腕を組み、誰がそれにならったか？　意識的に周りと違う姿勢をとっている人物がいたら、その人こそがリーダーである可能性が高い。

注意深く観察して、鋭い感覚を養ってほしい。

優れた上司は身振り手振りが少ない!?

もう一つ、上司の見分け方をご紹介しよう。今は亡きアメリカの人類学者で民俗学者・言語学者でもあるレイ・バードウィステルが、著書『*Kinesics and Context* ――動作学とコンテクスト』（未邦訳）の中で説明している。彼は「感情表現は文化によって違う」という前提のもと、動作学という概念をつくり出し、非言語コミュニケーションを学問として研究した。この本で「ボディー・リーディング」と呼んでいるものが、まさにそれだ。

さて、バードウィステルはある調査で三人の若者グループの行動を録画し、分析した。その結果、このグループにはリーダー格が二人いることがわかった。さらに映像をよく観察したところ、二人のうちより上位のリーダーは、三人の若者のうち一番無口なタイプであることが判明したのだ。**グループ内の全発言のうち、この上位リーダーが発した言葉はたったの一六パーセントだった。つまり彼は言葉を介さずにグループを導いていたのだ。**

だが、いったいどうやって？　バードウィステルは映像をさらに詳しく分析した結果、あることに気づいた。この**上位リーダーの若者は、いわゆる「脈絡のない行動」に関与していないのだ。**ここでいう「脈絡のない行動」とは、それまでの行動とは何の関係もない、まったく新しい何かを必要とする行為のことだ。

たとえばアイスを食べている最中に「映画でも見に行こうよ」と言い出したり、スケートボード場にたむろしているときに「ガソリンスタンドに行かないと」などと言ったりするのがその例である。この無口な上位リーダーはそういったことをしない。今はまだできないことや、仲間たちがやりたがらないようなことは提案しないのだ。

さらにバードウィステルはもう一つ、ある特徴を発見している。これは身体言語という点から見て、とても興味深い事実だ。この**口数少ないリーダーは、ほかの二人にくらべて身体をあまり動かさない。特に、つま先で地面をほじくったり、空き缶を蹴飛ばしたり、指で何かをコツコツと叩《たた》いたり、頭を掻《か》いたりといった不必要な動作がほとんど見られないのだ。**こうした身振りは不安や迷いの表れだ。自分の地位に自信のある人は、必要なときにしか身体を動かさない。その動きはつねに目的に即したものとなる。

また、さらなる分析の結果わかったのは、このリーダー格の若者は、**人の話を聞くのがとてもうまい**ことだ。直感的に相手と同じ姿勢をとりながら、身体言語によって主導権を握り、相手の身体の動きをコントロールしている。だからほかの二人も、何か困ったことがあると進んで彼に話しかける。そして一番口数の少ない彼がいざ口を開くと、その発言にはとても重みがあるのだ。

このことから、よい上司の見分け方が見えてくる。**優れた上司は、まだ心の準備のできていない方向へと部下をむやみに引っぱったりせず、無意味な身振りやしぐさをしない。**それに、たとえ二十年前とは違って、もはや見た目では社内ヒエラルキーを判断できない時代になっても、一つ変わらないことがある。人の話を聞くのがうまい人は、遅かれ早かれ出世するということだ。

部下に甘く見られずに、上手に仕事を任せるには？

女性の上司はたいてい「**開いた身振り**」とともに部下に指示を出す。たとえば手のひらを開いた状態で書類を指し示し、「これに目を通しておいて」と言う。これに対して男性の上司は、こぶしを握るなどの**閉じた身振り**で指示を出す。

この二つの身振りは、前者は「**お願い**」、後者は「**命令**」と受け取られる。そして命令のほうが、従ってもらえる可能性は高い。ほんのわずかな違いだが、男性のほうが女性よりも上司として甘く見られることが少ないのはそのためだ。加えて、性別による特性から、女性は男性に比べてあまりスペースを大きくとる身振りをしない。ところがすでに学んだ通り、**スペースを広く使うことは他人にどう見られるかを左右するとても重要なポイントだ。**

僕がある会社のパーティーでマジックを披露したときのこと。社員の人たちがマジックに興味をもってくれたところで、僕は数メートル向こうに離れ、こう言った。「ここでは何ですから、どうぞこちらへ」。このとき社員たちが僕についてこちらにやってきたその瞬間から、状況はがらりと変わった。僕が彼らのテリトリーに侵入しているのではなく、**彼らが僕のテリトリーに入ったのだ。**これは心理的にとても大きな違いとなる。今や主導権はこちらにあり、僕は彼らに指示できる立場になった。

グループの中で率先して僕のほうに移動した人は誰かにも注目していた。なぜならたいていは、**一番先に移動する人が、グループでもっとも地位の高い人物だからだ**――ただし、それも僕がその人に「カードをシャッフルしてください」と指示するまでの話だが――このように命令することで、「これ以降は僕がこのグループのリーダーとなる」ということを、周囲にはっきり示すことができる。

会社でも同じだ。誰かを自分のところまで出向かせるということは、その人よりも地位が高いことを意味する。さらに**まっすぐに顔を上げ、笑顔を浮かべたり目線をそらしたりせずに指**

示を出せば、上下関係はもはや揺るがない。この方法は「なんとなく部下に甘く見られている気がする……」という上司のみなさんにおすすめだ。誰かに指示を出すときは、その人のところに出向いたりせず、自分のデスクまで来させるようにしよう。

さらに、職場で自分のテリトリーを侵害されたとき、言葉で注意しなくても相手が自重してくれる効果的なトリックがある。

たとえば、こんな状況を想像してほしい。あなたは自分のデスクで同僚と話をしている。ところがこの同僚、いつもあなたのデスクに勝手に物を置く癖があるのだ（たとえば携帯などを）。これはあなたのテリトリーへの「さりげない侵入」の始まりである。彼はあなたのデスクを自分のものとして使っているのだ。

コミュニケーション・トレーナーのヤン・シェンテュルクは次のようにアドバイスしている。そんなときは何も言わずに、さりげなくリラックスした手つきでデスクの上から携帯を取り、サイドテーブルか本棚に置こう。これなら失礼にもならないし、あなたが自分のテリトリーをきちんと意識し、守っていることをはっきり伝えられる。

「自分勝手な人」に共通する四つのしぐさ

ある特定の身振りを組み合わせて行うと、知らず知らずのうちに悪い印象を与えてしまうことが、ノースイースタン大学のアメリカ人心理学者デイビッド・デステノの研究からわかっている。それによれば、次の四つの身振りをすべて行うと相手は無意識のうちに大きな不信感を抱くのだそうだ。

1. 自分の手を触る
2. 顔を触る
3. 腕を組む
4. 後ろに寄りかかる

一つひとつの身振りは、どれもまったくおかしなものではない。ところがこれが全部合わさると、一気に危険なカクテルとなる。**この四つの身振りを一緒に行う回数が多ければ多いほど、相手はあなたを自分勝手な人だと感じ、信用しなくなるのだ！**　しかも実験ではなんと、ロボット相手でも同じことが起こったという。被験者の一部はロボットと対話するのだが、その際ロボットにこの四つの身振りを続けて行わせる。すると驚いたことに、被験者はロボットに対してさえ「自分をだまそうとしているんじゃないか」という疑いを抱いたのだ。

したがって、**他人から信用されたいならば、自分の手をいじってから顔を触り、腕を組みつつ後ろに寄りかかる……などという動作は絶対に避けたほうがいい。**

飛行機の座席をアップグレードしてもらえるピエロ・トリック

エキセントリックな二人組マジシャン、ペン&テラーは僕の絶対的なヒーローだ。どんな奇妙奇天烈なアイデアだって彼らはやってのけてしまう。アメリカの人気番組「レイトショー」では司会のデイビッド・レターマンに大量のゴキブリをけしかけたり、観客の時計を生魚の腹の中から取り出してみせたり。自分たちの特番「オフ・ザ・ディープ・エンド」では終始、水の中から番組を進めてしまった。それにマフィア界を描いたドラマ「ザ・ソプラノズ」でその名を出されたマジシャンは、後にも先にも彼らだけだろう。本当に最高の二人組だ!

そんな彼らだが、ショーだけでなくその著作もまた最高におもしろくてイカレている。これから紹介するネタは、彼らの本『How to Play in Traffic ――交通機関での遊び方』(未邦訳)に書かれていたものだ。やはり僕のヒーローの一人であるマジシャン、トム・マリカの持ちネタらしい。この人もまた最高にイカレたマジシャンで、火の点いたタバコを何本も飲み込むマジックで一躍有名になった。彼はこの演目でマジック世界大会(そういう大会が本当にあるのだ!)の優勝一歩手前までいったのだとか。

もうずいぶん前のこと、ラスベガスでマリカと会ったとき、当時の話を聞くことができた。優勝を逃したのは、大会の審査員がマリカの手品を「トリックではなく本当にタバコを食べている」と判断したからだった。つまり彼のマジックは審査員にすら「タネも仕掛けもない」と思われるほど優れていたのだ。グランプリこそ逃したものの、それはある意味これ以上ない賛辞ではないだろうか。これから紹介するネタからもわかる通り、彼もまたバカバカしいことを平気でやってしまう人だ。僕はそういう人が大好きだ。どうせ代わり映えのしない毎日なのだ、少しくらいバカをやってもいいではないか。

さて、これから紹介するのは、**よく旅行する人におすすめのトリックだ。うまくいけば、こちらからお願いしなくても飛行機の座席をアップグレードしてもらえる。**からくりはとても単純だ。要はこのトリックによって相手を笑わせ、ほんの少しだけ気分よくなってもらうのである。

ただし、いくつか事前に必要なものがある。まあそう大したものではない。まず、(冗談ではなく本気でいっているのだが）ピエロの赤鼻だ。これを上着の右ポケットに入れておこう。次に、写真入りの身分証明書をほんの少しだけ改造する。赤いスポンジとのり（跡が残らずはがせるタイプがいい）を用意し、スポンジを小さな丸の形にちぎり取ったら、のりで写真に貼りつける――そう、ちょうどあなたの鼻の位置に。するとあなたの身分証はこんな感じになる。

これで準備は完了だ！　身分証をピエロの鼻と同じ右ポケットに入れたら、空港の搭乗手続きカウンターまたはセキュリティーチェックに向かおう。退屈そうな空港職員に「身分証を」と言われたら、ここぞとばかりに満面の笑みで右ポケットに手を入れ、細工した身分証を取り出す。このとき、ピエロの赤鼻もこっそり取り出して右手のひらの中に隠しておこう（左利きの人はもちろん左手で）。身分証を親指と人差し指で挟むように持てば、手の中の赤鼻が見つかることはない。そもそも相手は、あなたが手にまだ何か隠しているなんて思いもしないから、どのみちばれることはないはずだ。

身分証に目をやった空港職員は、写真のあなたがピエロの赤鼻をつけていることに気づく。しかもなんと3Dときた！　さあ、ここからが大事なところだ。相手が身分証に気をとられている一瞬のすきに、本物のピエロの赤鼻をさっと装着しよう。顔を上げた空港職員の目の前には、写真と（赤い鼻も含めて）まったく同じ顔をしたあなたが……というわけだ！

今までの僕の経験上、これで笑わなかった人はいない。**このトリックによって、あなたは相手を「普通の日常」から少しだけ解き放ってあげることができる。**そうすることで、彼らに何かをプレゼントできるのだ。笑顔や、いつもと違うひととき、それに仕事が終わった後に仲間に語れるおもしろいエピソードを。

すると、座席をアップグレードしてもらえる確率は格段にアップする。これは空港だけでなくホテルやレンタカーでも有効なトリックだ。嘘《うそ》のような話だが、どうか信じてほしい！

第10章

「洋服、靴、アクセサリー」から心を見抜く

「仕事ができそう」と思われる服装とは？

服装はあなたの一部だ。表情や身振りと同じように、服装もまたその人のことをいろいろと教えてくれる。

「何を身につけるか」、それがあなたという人を物語る。アクセサリーの組み合わせ方や、香水や石鹸《せっけん》の香りも、相手を知るヒントになる。その香水は安物か、それとも高級品か？　また、香水の香りがあまりにきついと、文字通り「鼻につく」人と思われるだろう。「この香りに注目して」と大声で叫んでいるようなものだからだ。どれも小さなヒントだが、そこにはさまざまな情報がつまっている。

「第一印象」においては、顔やしぐさだけでなく、服装のチョイスも大きなポイントとなる。**誰かが部屋に入ってくると、たいていの人はまず相手のズボンやスカート、コート、ジャケットなどに注目するものだ。**ときには手の動きやしぐさと、服装から受ける印象とがちぐはぐな場合もあるだろう。たとえば、上質なスーツを完璧に着こなしているのにテーブルマナーがめちゃくちゃな男性がいたとする。それでも、この人についての一番の印象は「上質なスーツを着た人」となるはずだ。

僕は数年前、ひげを生やして髪の毛も数センチ長めにしてみたことがある。そして、それまで着ていた黒いスーツをやめて、ジーンズ姿の衣装で舞台に上がることにした。もっとカジュアルに、お客さんと近い印象を与えられるようにしたいと考えたからだ。

ところが、意外な結果になった。ジーンズスタイルに変えてから、明らかに拍手の量が減ったのだ。もしかして僕のショーに魅力がなくなったのだろうか……?　不安を募らせつつも、原因を確かめてみることにした。ジーンズをやめてスーツとシャツとネクタイという以前のスタイルに戻したのである。すると、ショーの内容はまったく変わっていないのに、観客はまた以前と変わらず熱い拍手を送ってくれるようになった。

その後のアンケートからわかったのだが、観客は僕にカジュアルなイメージを求めている一方で、**スーツ姿のときのほうが「能力が高そう」と感じた人が多かったのだ。**しかもおもしろいことに、観客は、自分がそう判断した理由が服装にあるとはまったく気づいていなかった。ただ無意識にそう感じたのである。

もう一つ別の例を挙げよう。僕の友人がＩＫＥＡの就職面接を受けたときの話だ。経営学部を卒業したばかりの彼は、スーツにネクタイというかっちりした服装で面接に臨んだ。ところが、そんな立派な格好をしていたのは彼だけだった。なんとか二次面接に進んだ彼は、今度は違う服装でいくことにした。ジーンズにシャツ、しかもシャツの裾はズボンから出すというスタイルである。この選択は大正解だった。未来の上司となる面接官はこんな言葉で彼を迎えたそうだ。「やあ、今度はきちんとした服装で来てくれたね」

この例からわかるのは、服装だけが大事なのではないということだ。**文脈、つまりその場の状況と、その状況にふさわしい服装かどうかも重要になる。**たとえばプライベートで着古した安物の服を着ているのに時計だけは高級品という人がいたら、その理由はいくつか考えられる。もしかしたら、仕事では大変に成功しているが、家では着慣れた気楽な服装でいたいタイプなのかもしれない。そういう理由なら別に誰に迷惑をかけるわけでもないだろう。

また、カジュアルなパーティーで一人だけスーツを着ている人がいたら、それがビジネススーツかどうかに着目しよう。もしそうなら、その人は大事な出張から直接パーティーに駆けつけた可能性がある。一度家に帰って着替えていては間に合わなかったのだろう。

ある服装が適切かそうでないかは、状況によって違う。大企業の役員はオーダーメイドのスーツで芝刈りはしないし、擦り切れたジーンズで役員会に出席することもないだろう。でもクローゼットにはそのどちらも備えていて、状況に応じて着る服を選んでいるはずだ。

僕たちは普通、意識して状況に合った服を着ようと努めている。そして、その努力をしないときは、自分は周囲に合わせるような人間ではないとアピールしたいのだ。毎朝クローゼットを開けたら何も考えずに一番上等な服を身につけるという人は、「周りからどう見られようと気にしませんよ」と言っているのと変わらない。服装でもやはり「人間はコミュニケーションしないでいることはできない」からだ。

そして、**服装がだらしない人を見ると、多くの人は心のどこかで、その人の印象を決めてしまう。**自分の外見に無頓着な人は、仕事や友人とのつき合いにおいても無責任に違いないと考えてしまうのだ。

アクセサリーの選び方からも、さまざまなことが読み取れる。**ネックレスやブレスレットなどを一度にたくさんつける女性は、外向的で人から見られるのが好きなタイプが多い。**逆に一点だけとても目立つものを身につけている人は、そのアイテムに視線を集めたいという意図がある。もしかしたら、特別な機会に贈られた大切な品かもしれない。自分へのごほうびにと自分で買った可能性もある。年代物なら、形見の品ということもありうるだろう。

こうした細かいことは、普段から目についているかもしれないが、身体言語を読むという視点から見ることはあまりないのではないだろうか。

僕たちはいろいろと考えたうえで、身につけるものを選んでいる。単に気に入った服を選ぶというだけの話ではない。服装のチョイスによって、周囲に向けて「語りかけて」いる。服によって、自分がある特定のグループに属していることを、お金がある（またはない）ことを、あるいは他人からどう思われようと気にしないタイプであることを伝えているのである。

服装の選択は、あなたが周囲からどう見られるかを決める。だが、それだけではない。**あなた自身が自分をどう感じ、どう行動するかにも影響を与える。**僕もスーツのときとジーンズのときでは、感覚が全然違う。だからこそ状況に応じてふさわしい服装を選ぶことが重要になる。

たとえば**自分が優位に立って場をコントロールしたいと思ったら、周囲の人よりもいい服を着ることが大切だ。**ほかにも、服装が思考と行動に与える影響については、じつにさまざまな研究が行われている。

新しい靴を履いていると不安に見える!?

二〇一二年、アメリカのカンザス大学で心理学者グループがある調査を行った。**「他人の靴から得られる第一印象はどれくらい正しいか」**を調べるものだ。

この調査では、十八歳から五十五歳までの学生百八人に、一番よく履く靴の写真を提供してもらった。さらに自分の性格と出身についてのアンケートにも答えてもらう。次に別の参加者グループに靴の写真を見せ、それだけを頼りに靴の持ち主の性格や所得レベルなどを予想してもらった。

するとなんと、率直さや好奇心、外向性といった性質については、ほぼすべての回答者が靴を見るだけで正しく読み取れていたのだ。

さらに、**靴が新しい人は、人づき合いに不安を感じているという印象を与えることがわかった**。なぜなら、靴にそこまで気を配り印象をよくしようとするのは、対人関係に自信がもてないからだ、と思われているのだ。

また、センスのよい靴も、同じく人づき合いに自信がないタイプとする人が多かった。カラフルな靴の主に対しては、外向的な人物という評価で驚くほど意見が一致した。また先のとがった靴やロゴ入りの靴の持ち主は、つま先の丸い靴やロゴなしの靴の主に比べて不親切な印象を抱かれがちだ。高級で履き心地が悪そうな靴についても、イメージはかなり一致していた。すなわち、「あまり好ましい人ではなさそう」という印象である。

一方、**古めだがきれいに保たれた個性的な靴については「自信のある人物」と考える人が多かった**。ハイヒールは「気まぐれで不安定な女性」というイメージである。「こんなに履き心地の悪そうなものを履く人が安定した性格であるはずがない」というわけだ。

収入、年齢、人づき合いの不安については、回答者の読みはかなり正しかった。だが、そのほかの性質については間違った推測も多かった。しかし不思議なのは、多くの人が同じような読み違いをしていたことだ。つまり、「こういう特徴があれば、持ち主はこういう性格に違いない」と多くの人が思い込んでいることが、じつはかなり多いのだ。「世界はあなたの思う通りにある」というあの言葉は、あなた自身だけでなく他人にも当てはまる。「この人はこういう性格に違いない」と誰かが思い込んだら、それが実際に正しいかどうかは関係ないのだ。

万引き犯なのに、疑われない格好とは?

さらに研究者たちは、服そのものにも目を向けている。

僕たちは、服装を個人の性格と強く結びつけて考えてしまいがちだ。これについて人々の意識を高めるべく研究に取り組んでいるのが、アメリカの物理学者レナード・ムロディナウである。彼は著書『しらずしらず——あなたの9割を支配する「無意識」を科学する』(ダイヤモンド社)の中で、ある実験を紹介している。他人の「印象」が無意識のうちにいかに服装に影響を受けているかを的確に示した実験だ。

ある店に一人の男が入ってくる。ひげは伸び放題、汚らしい擦り切れたジーンズと古いTシャツという格好である。この男は店の商品を自分のかばんにさっと忍ばせて立ち去るのだが、その一部始終を一人の客が目撃していた。その後すぐに、店員が棚の整理をしに客の近くにやってくる。客は今目撃した万引きについて店員に訴えることができる状況だ。

次に、同じ店で、今度はきれいにひげを剃《そ》ってスラックスとシャツとネクタイとジャケットに身を包んだ男が、同じ商品を万引きする。先ほどと同じように、犯人が去った直後に店員が目撃客の近くにやってきた。

じつはこの万引き犯は二人とも実験協力者の俳優だ。この実験は、どちらの男のほうが万引き犯として告げ口されやすいかを調べるものだったのだ。結果はもうおわかりだろう。**汚い身なりの男のほうが、ジャケットの男よりも密告される回数がずっと多かった。**

さらに、とても驚いたことがある。ジャケットの男のときは、ためらいがちに店員に事の次第を告げる人も多かった。ところが身なりの悪い「盗人」に対しては、ときに興奮した態度で告げ口する人が見られたのだ。「あんなだらしない身なりの男なら、盗みなんて平気でやりますよ」というように。

望むと望まざるとにかかわらず、僕たちはどうしてもそういうものの見方をしてしまう。これは他人に対してだけでなく、自分自身に対しても同じだ。服装は他人からの印象だけでなく、自分の知的能力にも影響を与えるのだ！　信じられないという方は、続きを読んでほしい。

白衣を着るだけで、頭がよくなる

ところで、この本を読んでいて「集中力が切れてきたな」と感じたあなたは、白衣を着てみるといい。ノースウェスタン大学ケロッグ経営大学院のアダム・ガリンスキー教授と共同研究者のハーヨ・アダムは、**白衣を着ることで実際に思考力がアップすることを発見した**。

二人は次のような実験を行った。被験者に集中力と反応力を必要とする課題を解いてもらう。その際、一つ目のグループには医者が着るような白衣を着てもらい、もう一つのグループには普段着でテストに臨んでもらった。

すると、白衣を着たグループは読解テストで別グループの半分しかミスをしなかったのだ。白衣を着ただけで、被験者の能力が上がったのである！　どうやら人々の脳内には「白衣の医者＝知的で注意深い」というイメージが深く刻み込まれているらしい。そのイメージがあまりに強いので、**白衣を着ただけで自分まで賢くなってしまうのだ。**

さらに別の実験では、似たような写真を見て違うところを見つけるテストを受けてもらった。

今度は三つのグループをつくる。グループAには医者用の白衣を、グループBにも同じ白衣を着てもらうのだが、こちらには「絵描き用の白衣」だと伝えた。グループCは普段着だが、このグループにはテスト前に小論文を書いてもらった。テーマは「白衣と聞いてあなたが思い浮かべるものは何か」。

結果はどうだろうか。やはりもっともよい成績を挙げたのは医者用の白衣を着たグループAだった。だが驚くべきは、グループCのほうがグループBよりも成績がよかったことだ。つまり**能力アップの原因は服装そのものではなく、心の中で賢い人をイメージすることなのだ。**

僕はこの実験もまた「境界など存在しない」ことを示す一つの例だと考えている。ある服を身につけた瞬間、その服はあなたの一部となる。そして他人に対する外的影響だけでなく、あなた自身の考え方や感情、行動をも左右する。パワーポーズ（74ページ参照）と同じように、服装の選択もまた成功か失敗かを決定づけるのだ。

僕の子どもにも、さっそく白衣を着せようと思う。

第11章

フェイスブックの写真でその人を見抜く

卒業アルバムの写り方で、その後の幸福度が変わる!?

子どものころ、何度も披露した典型的なカードマジックがある。おそらく誰もが知っているマジックだ。相手にカードを一枚引かせて、こちらはそれを見ることなく、どのカードかを当ててみせる。トリックはいつも成功したが、このマジックで相手の心を真に揺さぶることはできなかった。

大人になってから、僕は考えた。このマジックをもっと感情に訴えるものにするにはどうすればいいだろう？　どうすれば、見る人にこれまでにない体験を味わってもらえるだろう――？　そこで思いついたのが、恋人や夫婦に参加してもらい、カードの代わりに愛する相手の写真を使うことだった。

このマジックはまず、客席からカップルを一組選んで舞台に上がってもらう。次に僕がポラロイドカメラで男性の写真を撮る。これを、準備しておいた何枚もの他人の写真と混ぜ合わせる。そうして伏せた写真の中から、女性に一枚を選んでもらうのだ。選んだ写真はまだ見ないで、裏のまま身体に押しつけて隠しておくよう頼む。そしてカップルを向き合って立たせたあと、「では、選んだ写真を見てみましょう」と声をかけるのだ。するとどうだろう。それはお相手の男性の写真ではないか！

カップルの反応は、ショーを重ねるごとに大きくなっていった。二人は満面の笑みで見つめ合い、抱き合ってキスを交わす。以前のカードを使ったバージョンでは一度も得られなかった反応だった。つまり写真は、単なるクラブの9のカードよりずっと大きな感情を呼び起こすのだ。考えてみれば、たしかにトランプのカードを額に入れて壁に飾る人などいない。写真には感情に訴える特別な力があるのだ。これから見ていくのは、それと関連した話だ。


この章を最後まで読めば、あなたは写真に写った自分の顔や身体言語が、見る人にどんなメッセージを発しているか、きちんと把握できるようになるだろう。さらに、その知識をフェイスブックや携帯メール、お見合いサイトなどでも活用できる。

写真というのは、その人について本当に多くのことを教えてくれる。アメリカの心理学研究チームがある高校の卒業生を対象に次のような調査を行った。卒業三十年目の人々にアンケート調査を行い、自分の人生がどれくらい幸せで充実していると思うかを尋ねたのだ。すると驚いたことに、**卒業アルバムの写真で笑顔だった人は**（職業的にはあまり成功していなくても）、**そうでない人よりも「自分は幸せだ」と感じていたのである。**同じようなことが、バージニア大学の研究でも証明されている。それによれば「人生への満足度が高いこと」と「フェイスブックのプロフィール写真が笑顔であること」との間には相関関係が見られたという。

僕が繰り返し述べている言葉を思い出してほしい。思考が身体言語に表れるように、身体言語のほうも思考に強く影響を与える。つまり笑うだけで幸せな気持ちになれるから、笑顔の多い人はそれだけ幸せなのだ。おまけに笑顔のほうが魅力的で、感じよく見える。

僕たちは一秒にも満たないわずかな時間で他人の印象を決めてしまう。だからこそフェイスブックやお見合いサイトの写真には十分気をつかう必要がある。フェイスブックのプロフィール写真が魅力的な人は友達申請を承認してもらえる確率が高いそうだ。これはそう驚くべきことでもないだろう。

だが意外なのは、魅力的でない写真を使うよりは写真なしのほうがよっぽど好印象だということだ！　ここからは研究によって明らかになったさまざまな事実を見ていこう。

友達を増やしたいなら、プロフィール写真で「ギター」を持ちなさい

イスラエルのある研究グループが予備研究として次のような実験を行った。フェイスブックに架空の若い男性を登録する。ただし、まったく同じ男性について二パターンの異なるプロフィール写真を用意した。一つ目のバージョンはカメラ目線で微笑《ほほえ》んでいる写真。もう一つは同

じく微笑んでいるが、さらに手にギターを持っている写真だ。この二つのアカウントから、それぞれ五十人の「独身」ステータスの女性に友達申請をした。ちなみに申請時のメッセージは「やあ元気？　君の写真、すごくいいね」というさえないものだ。

結果はこうだ。**ギターを手にしたアカウントは十五人の女性からＯＫの返事をもらったのに対して、ギターなしのアカウントへの返答はたったの五通だった。**

これはいったい、何を表しているのだろうか？　それは、音楽という要素は女性にとってとても魅力的に映るということだ。だが僕が思うに、楽器の選択も重要だ。もしギターでなく、たて笛やテューバだったら、もっと違った実験結果が出ていたはずだ。

さっそくフェイスブックのプロフィール写真をギターつきのものに替えたというあなたは、外出時に、ギターケースを持つことも忘れないでほしい。フランスの南ブルターニュ大学の社会心理学者ニコラ・ゲガンによれば、**男性が道行く女性に声をかけ、電話番号を尋ねる実験を行なったところ、ギターケースを持っている男性のほうが番号をもらえる確率が高かったという。手ぶらで女性に声をかけても成功率は低かった。ただしスポーツバッグを持っていると、手ぶらよりさらに成功率が下がる。**

話をフェイスブックに戻そう。ドイツとアメリカで行われたある調査によれば、フェイスブックのプロフィールを見ればその人の性格をある程度正確に診断できるという。心理学者のミーチャ・D・バックらが行ったこの調査では、二百三十六人の実験参加者に性格テストを受けてもらった。そして、このテスト結果を参考にしながら、まずは実際の友人に彼らの性格を診断してもらう。続いて今度は、まったくの他人に実験参加者のフェイスブックとドイツのSNS「studiVZ」のプロフィールを見せ、それをもとに性格診断をしてもらった。

参照してもらった内容は写真、コメント、アクティビティ、リンクなどである。結果はドイツでもアメリカでも、そして二つのSNSのどちらでも同じだった。**「外向的な性格かどうか」と「新しい体験をしたい性格かどうか」はネットのプロフィールを見ただけで、かなり正確に診断されていたのだ。**また「協調性」や「誠実さ」についても的中率は比較的高かった。さらに、ほとんどの人は、ネット上で自分をよく見せようとはしていないこともわかった。

つまり、**SNSのプロフィールからは、多くのことを読み取れる**というわけだ。

写真から人々の性格を読み取るうえで参考になるよう、以下にフェイスブックの写真によく見られるさまざまなシグナルを五つのタイプ別にまとめておこう。

1．しかめ面タイプ

フェイスブックの写真上でわざとにらんだり、舌をつき出したりとしかめ面をしてみせる人は、自意識が強いタイプだ。他人とは違う、ユーモアセンスのある自分をアピールするのが好きで、人の心に残るような強い印象を与えたいと思っている。これはオンライン上だけにかぎらない。おそらく普段の行動にも衝動的なところがあると推測できる。自分がいかに型破りで個性的かを示すために、冷たい水に飛び込んだりするタイプだ。

2．パスポート写真タイプ

履歴書のようにきっちりした写真を使っている人は、常識的でおとなしい傾向がある。プロフィール写真と同様に、現実でもつねに無難に安全策をとるタイプだ。信頼できる人物で、とことん何かを追求する傾向がある。また、すべてが順調にいくことを好む。やるとなれば全力でそれに取り組み、中途半端はありえない。責任感が強く、細かいことを気にとめ、一度始めたことは必ずやり遂げるタイプだ。

3．本人不在タイプ

自分の写真の代わりにアニメのキャラクターやサッカーチームのロゴ、アヒルのおもちゃなどをプロフィール写真にしている人は、「自分自身」より「自分の好きなもの」をアピールしたがるタイプだ。その理由はさまざまだろう。プライベートを守りたいからかもしれないが、とても傷つきやすく、他人から攻撃される余地を少しでも減らしたいタイプとも考えられる。

対立や誤解を避けたがり、人から注目されるのを嫌う。

4．行動派タイプ

マラソンやギター演奏など何らかの活動にいそしむ自分の写真をプロフィールに使っている。自分は退屈とは無縁の人間で「パスポート写真タイプ」とは決定的に違うというアピールだ。自分のイメージに気をつかい、よい印象を与えるためにプロフィール写真もじっくり吟味して選んでいる。意志が強い自分、あえて困難な道を行く自分を示そうとする。ストレスに強く、意欲的で、冒険心に富み、好奇心旺盛。困ったときにはいつでも進んで協力してくれる。

5．スポーツ派タイプ

行動派タイプと似ているが、より筋肉を露出している。バレーボール中の自分や、ヘソ出しウェアでトレーニングに励む自分の写真をプロフィールに使うタイプだ。このタイプにとって大切なのは、アクティブさと外見である。おそらく、自分自身とスポーツにかなりの時間を割いている。健康な生活を送り、ヘルシーな食事を重視する人が多い。美しい身体を保つことではじめて幸せを感じるタイプだからである。スポーツを通じて規律を身につけているため、努力をいとわず勤勉な傾向もある。パワーにあふれ、目的意識が強い。

また、写真の内容だけでなく、写真の「どこを切り取るか」も大きなヒントとなる。次ページを参考に、あなたの友達の写真を思い浮かべてみてほしい。きっと新たな発見があるだろう。

[写真の切り取り方]

1 理性的、注意深い(または太り気味)
2 内気、遊び心がある(またはカギ鼻)
3 隠し事がない、話し好き(または髪の毛が薄い)
4 だらしない

[写真のズームのし方]

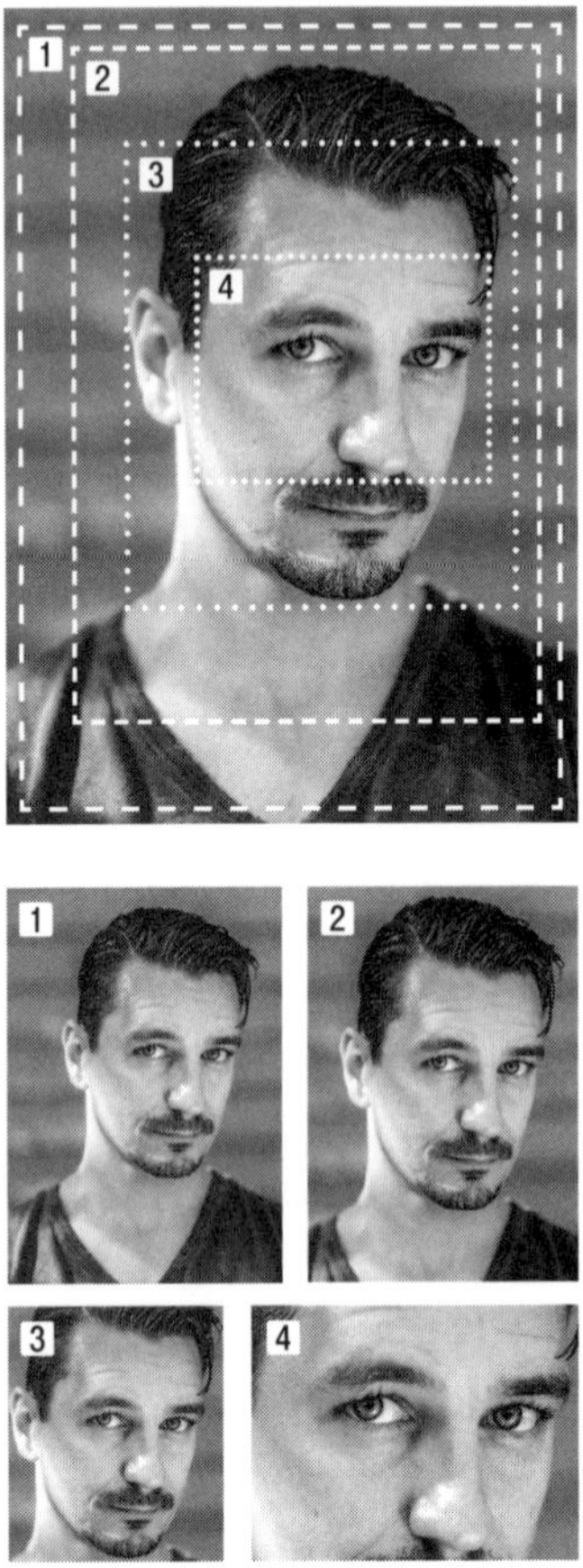

1 内向的、一匹狼タイプ(または暗い秘密あり)
2 平均的、バランス感覚がある
3 外向的、オープン
(または手段を選ばない黒幕タイプ)
4 激しい、情熱的(または詩人)

三人に一人が写真を「盛る」お見合いサイト

フェイスブックと同じことが、オンラインのお見合いサイトの写真にもいえるだろう。ただしお見合いサイトの場合、「自分に合ったパートナーを見つけるため」という、人生においてとても重要な問題が関わってくる。

フェイスブックでは、美化せずありのままの自分を見せているユーザーが大半だった。だがお見合いサイトの場合、はたして誰もがそこまで正直なのだろうか？

このことを調査したのが、アメリカ・ウィスコンシン大学のコミュニケーション学研究者ジェフリー・ハンコックとカタリーナ・トーマである。二人は二〇〇九年、お見合いサイトのプロフィール写真が実際の本人の見た目をどれだけ正確に反映しているかを調査した。

その結果、**登録者のおよそ三分の一が自分の外見を実際よりよく見せていたことがわかった。**この人たちは実際にはもっと太っていたり、痩せすぎだったり、老けて見えたり髪型がいまいちだったりしたという。ただし、男性の場合、女性ほど写真で自分をよく見せる傾向は見られなかった。また一方で、写真加工ソフトでの修正は補助レベルにとどめている人がほとんどで、比較的ありのままの写真を使う人が多いという結果も出ている。

僕がお見合いサイトに登録して見たもの

この研究を読んだ僕は、好奇心に燃えた。これまでお見合いサイトというものとは無縁で生きてきたが（それも当然だ。なにしろもう二十年、妻との結婚生活を送ってきたのだから）、この本のために少々リサーチしてみるのも悪くない。そういうわけで、僕はまず「彼女を探している男性」として、次に「男性と知り合いたい女性」として、あるお見合いサイトに登録してみた。

まず、登録するためのユーザー名が、じつに興味深い。たとえばサイト内の女性ユーザー名を見ると、「T‐マウシー」、「フェアリー・リリー」、「ミツバチ・カー」など、どれも愛らしい名前だ。動物名を取り入れた名前も多い。

一方男性のほうは「ホッテ‐72」、「カサノヴァ」、「ハード・ソフト」といった名前が目につく。ちなみに、これらはどれも実在するユーザー名だ！　僕は単純に「ハンク・ムーディー」（アメリカの人気ドラマ『カリフォルニケーション』の主人公）と「デボラ・モーガン」（こちらもアメリカのミステリードラマ『デクスター』）から）と名乗ることにした。

「ホッテ‐72」のプロフィール写真は海辺で撮ったもののようだ。着古したシャツに短パンにサンダルという格好で、片手には白ビールのグラスを持っている。写真を見るかぎり「72」は明らかに生まれ年ではない。むしろ年齢か。「カサノヴァ」はジーンズ姿で広々としたリビングに立っている。高層で見晴らしのよい部屋だ。

「ハード・ソフト」はカスタマイズされたスポーツカー（より正確にはコルベットC6）にクールに寄りかかっている。「フェアリー・リリー」は中世の古城の前に立つ写真、「T・マウシー」は空港での一枚、「ミツバチ・カー」はパリのエッフェル塔をバックにした写真だった。

これだけですでに多くのことがわかる。まず僕が女性なら、恋の入り口になるかもしれないプロフィール写真でサンダルを履いている男性は対象外だ（偏見もときには大切にしないといけない）。もし海辺でエナメル靴だったら、むしろ少し心が動いたかもしれないが……。

次に、見晴らしのよい広いリビングに立つカサノヴァ氏。彼が発しているメッセージはわかりやすい。

「ほら見てくれ、僕は広い部屋を持っている。しかも眺めも最高だ。**つまり僕は広いテリトリーと高いステータスを有している。**いつも地平線に目を向け、目標を見すえ、今の自分よりもっと成長していきたい。長期的なものを愛し、障害にもくじけず、広く全体を見渡すことができる。進むべき方向性を見定め、自分を律する力がある。だから君のことも大切にできる。家にはいるが陰気ではなく気さくで心地よい人間だ。だから服装もほら、ジーンズだろう。それにカサノヴァの名に恥じず、恋人としても理想的だ。今までふさわしい女性に巡り合えなかっただけさ」

では、スポーツカー好きのハード・ソフト氏はどうだろう。プロフィール写真からわかるのは、**彼が迅速に動くフットワークの軽い人物で、美しいものにお金をかけるのが好きだということだ。**彼にとってお金は重要なテーマとなる。また、外向的で、美学を重んじる人物でもある（そうでなければ、スポーツカーと並んで写真を撮ったりはしない）。広いリビングではなく高級車によって自分のステータスを示すタイプだ。

さらにいうと、スポーツカーはテリトリーの広さの証《あかし》でもある。速い車があれば短時間で遠くまで移動できるからだ。実際にそうするかどうかは別として、必要とあらばそれができると彼は示している。彼のテリトリーを妨げるのはガス欠だけだ。

彼はまた、現代的で、夢を追い求め実現するタイプでもある。こつこつ貯金をしたりせず、今を楽しむためにお金を使う。他人から尊敬されたいと望んでいて、周囲に左右されない自立した自分をアピールしたい。性格はときにハード、ときにソフトで傷つきやすいといったところか（このユーザー名はけっして適当につけたわけではないだろう）。

では、女性はどうだろう。フェアリー‐リリーは古めかしいものが好きで、近未来的なエレクトロ・ポップ音楽などには明らかに縁がないタイプとみえる。スポーツカーにも同じくらい興味がないだろう。少しふくよかな体型なので、スポーツもそう熱心にはやらないようだ。ときおり携帯電話を脇に置いて空想にふけるのが好きな女性に違いない。ロマンティックな性格で、暖炉の炎や焚《た》き火、キャンドルの灯りを好む。騎士道精神をもった人が好きで、伝統を愛し、冒険とくつろぎの両方を求めている。**僕が彼女と実際に会ってデートするなら、場所はキャンドルに照らされたレストランを選ぶ。**

T‐マウシーは休暇ファッションで空港にいる写真を使うことで、自分はワールドワイドな女性だとアピールしている。「私はこの空港から旅立ち、世界を見て回るの」というメッセージだ。きっと家のどこかに写真入れの箱があり、まだ整理していない旅行の写真が詰め込まれているのだろう。パソコンと携帯電話にも、旅の写真がたくさんあるはずだ。最初のデートでは、この「旅行」が話題の中心となる。これなら話の種が尽きる心配はまずない。なにしろ彼女は冒険好きで、もっともっと多くの土地を訪れたいと願っているのだから。数か国語を使い分け、新聞では国際欄にまず目を通すタイプかもしれない。また、**旅行好きの人は自分の殻に**

こもらず世の中に目を向けており、臨機応変に動くことができる。ただ、それだけにつねに何かを体験し行動していないと気が済まない一面もある。

ミツバチ・カーはドイツのパーダーボルンに住んでいるが、愛の街パリに魅せられている。車での旅が好きで、パリにもきっと車で行くのだろう。もしＩＣＥ（高速列車）派なら、ユーザー名も「ハナバチ・ＩＣＥ」になりそうなところだ。

お見合いサイトでクリックされる写真の七つの法則

お見合いサイトの写真における身体言語ルールはフェイスブックのそれとほぼ同じだが、いくつか追加ルールがある。無料で出会いを探せるポータルサイト「ＯＫキューピッド」は世界でもっとも利用者の多いお見合いサイトだ。このサイトが公表した「もっともクリックされた写真ランキング」を見ると、**異性に興味をもってもらえるプロフィール写真には、次のような七つの法則がある。**

1．女性の場合は、まだ見ぬ相手とデートしているかのように、カメラに向かって微笑《ほほえ》むとい

い。そうした写真は異性からのアクセスが多い。さらに人気なのが、色っぽさやセクシーさを感じさせる写真だ。いわゆる「お色気顔」である（これは最近若い女の子に流行《はや》りのアヒル口よりよっぽど人気がある。お色気はアヒルより強しだ）。

ただしこの場合、まっすぐカメラを見つめることが大切だ。**色っぽい顔をしながら目線をどこかにそらした写真は、異性からのアクセスがもっとも少なかったのだ！**　なぜなら、顔では「恋愛は大歓迎よ」と言いながら、視線で「だけど、あなたとは嫌」と告げているからだ。これが身体言語のパワーである。

2. 目線の角度に注意すること。**女性の場合、スマートフォンをなるべく離して斜め上の角度から自撮りした写真がもっとも異性受けがいい。**この角度はSNSの「Myspace」の名から「Myspaceアングル」などと呼ばれ、とても流行っている。ちなみにこのとき、胸の谷間が見えるかどうかは特に関係がないようだ。

3. **女性の場合は、動物と一緒の写真はやめたほうがいい。**犬や猫と一緒に写っている女性の写真は、誘うような表情で目線を外した写真と同じくらい人気が低かったのである。おそらく男性は、恋人の愛情を独り占めしたいのだろう。女性の愛が動物に注がれるのが嫌なのだ。

4. 露出度は高めに。胸もとが大きく開いた服の女性は、異性からの人気が高い傾向があった。

さらにおもしろいのは、次の事実だ。**十八歳の女性が胸もとを見せても、アクセスは二四パーセントしか上がらなかったのに対し、三十二歳の女性が同じことをしたら、アクセスはなんと七九パーセントも上がったのだ！** 男性の場合も、割れた腹筋を見せるなど肌を露出することはおすすめだ。

5. 男性の場合は、遠くを見つめるといい。 女性とは正反対に、男性はこちらに目線を向けず、微笑んでいない写真がもっとも人気があった。これはフェイスブックとはまったく逆の結果だ。

こうした写真は「セクシー」と感じられるだけでなく、次のようなメッセージにもなる。「僕は地平線の向こうを見つめている。思慮深く、女性との出会いを真剣に考えているから笑ったりしない。あなたと二人で自立して未来を見つめていきたい」。これに対して、目線を外したうえにセクシーな表情をしている写真は、女性のときと同様アクセスがもっとも少なかった。理由は1と同じだ。

6. 男性の場合、動物と一緒に写った写真が効果的だ。 四つ足の動物とともにいる男性の写真は、目立ってアクセスが多かった。ただし、ここでいう動物とは毛がふさふさした生きもののことで、クモや青虫やガラガラヘビでは逆効果だろう。

7. 飲み物を飲まない。男性でも女性でも、グラスやボトルを手にした写真は出会いを探すうえでマイナスとなるので注意が必要だ。

僕が意外に感じたのは、顔全体が見えるかどうかは大して重視されていなかった点だ。重要なのはむしろ、見た人が興味を感じるかどうかだった。

たとえば平均以上に多くのアクセスを稼いでいた写真の一つに、耳とそこから続く首すじだけをアップにした一枚があった。「非常にエロティックで少し挑発的」という評価が多かったが、**首すじの写真は同時に「あなたを信頼しています」という証でもあるのだ。**なぜなら、首というきわめて傷つきやすい部位をさらけ出しているからである。

ランキングのさらに上位に食い込んだ二枚目の写真は、エロティックな暗喩《あんゆ》に満ちていた。写真には芸術的に組まれた美しい女性の脚が写っていたのだ。

ちなみに僕のプロフィール写真は、もちろん白衣を着てギターを持った一枚だ!

「しぐさ」で本音を見抜くための辞典

手

僕たちは手によって、頭の中にしか存在しないものを実際に形にする。たとえば文章、芸術作品、それに音楽もそうだ。手がなければ、人間はここまで多彩な行動はできない。だからドイツ語では「行動する」を〝handeln〟というのだ。また、物事を深く理解することを「つかむ」と言ったりもする。何かをよく知るうえで、触れたり手でつかんだりすることがいかに大切かが、よくわかる表現だ。それに、完璧に理解し心から何かを「つかんだ」ら、それを「手中に収めた」ことになる。

■手を開く（手のひらを見せる）

手の内を相手に見せ、何も隠していないと伝えるしぐさ。このしぐさをすると、率直さを示し、相手に信頼感を与えられる。相手の手が見えているかぎり、何かを隠し持ったり企んだりはしていないとわかるからだ。

■手を隠す
（手の甲だけを見せる）

手のひらを見せず、手の甲だけを見せるしぐさ。これを続けると、相手はすぐに「この人は何か隠しているんじゃないか」と不信感を抱く。

■手で上から下に圧力をかける
（こぶしで机を叩《たた》く、人差し指で下を指す、机をコツコツ叩くなど）

手を上から下に動かすしぐさは、何かを抑えつけることを意味し、優位性や支配を表す。何かを主張したいときにも、このしぐさで自分の発言を強調することが多い。

■口に手を当てる

　自制のしぐさ。このしぐさをする人は軽はずみな言葉が口から転がり出ないように抑えている。口を手で覆うしぐさも同様だ。ただし、一度口にしてしまった言葉を「口内に押し戻したい」ときも、このしぐさが見られる。

■相手に人差し指を突きつける

　突きつけられた人差し指は「武器」となり、攻撃や非難をイメージさせる。相手を支配し叱責するしぐさだ。こうされると相手は不快感を覚え、自己防衛的な姿勢をとることが多い。

　このしぐさの強力バージョンが、手の指を組んで人差し指と親指だけを伸ばす「ピストル」のしぐさだ。

■手のひらを相手に向かって立てる

　拒絶を意味するしぐさ。「ここから先には入ってくるな！」というシグナルだ。

■手刀をつくって机を叩く

　相手と自分をつなぐ糸を断ち切るしぐさ。議論や会話を終わらせたいという強い欲求を示している。

■机や椅子の縁をつかむ

　何かをぎゅっとつかむのは、緊張や不安の表れだ。支えがほしいときのしぐさである。

■手をポケットに入れる

　手はあいまいな思考をはっきりさせ、わかりやすく示してくれる。そのため手が見えないこの姿勢は、相手に不信感を与える。さらに、怠惰なイメージもある。「あなたに危害を加える気はありませんよ」という平和のポーズともとれるが、多くの場合、失礼でだらしない印象を与えてしまう。

■こぶしを握る

怒りを感じ、手をぐっと握りしめて武器をつくるしぐさ。怒りつつも無力さを感じている。

■手もみをする

ゆっくりとした手もみは満足感や、ときには自己満足を意味する。すばやい手もみをする人は期待感や楽しみな気持ちでいる。

■せわしなく手を動かす

たとえば鉛筆をいじる、指で机をコツコツ叩く、やたらと物をあちこちに動かすといった動作は、心が落ち着かず緊張しているサインだ。不安で張りつめた状態でいるはずだ。

肩

肩にはその人の責任感が表れる。意識するしないにかかわらず、とてもはっきりと本音を見抜ける部位だ。

■両肩をリラックスさせ、まっすぐに保つ

この姿勢をとる人はストレスに強く、日々の生活やそれにともなう負担と責任をきちんと引き受けられる。

■両肩を引き上げる

肩を上げるという動作は、たいていい自信のなさと不安の表れだ。頭を引っ込めることで、首とのどを守る姿勢である。また、身体を小さくするしぐさでもある。

■両肩を落とす

身を縮めて、背中を丸めた姿勢は、今抱えている負荷が重すぎることを示している。うなだれている場合、それはさらに強くなる。疲れとストレスを感じさせ、落胆して弱々しい印象だ。

■肩をすくめる

「知らない」という意味のとても明白なジェスチャーだ。通常は「どうしようもない」という無力感を表すが、状況によっては無関心な態度ととられることもある。

■片方の肩を前に出す

一方の肩を前に向けることで、上半身を相手の視線から隠している。これは拒絶のサインだ。相手と距離をとれるうえ、いつでもそっぽを向くことができる。

■両肩を後ろに引く

誇り高く堂々とした印象を与える姿勢だ。肩を後ろに引いて、相手に向かってぐっと胸を張ると、より堂々とする。

■肩を叩く

立っている人が座っている人の肩を上からポンと叩いたら、それは相手を下に置こうというサインだ。ただし、横から叩いたときは、励ましのジェスチャーとなる。相手を力づけて「よくやったな」と称え、やる気を引き出すしぐさだ。

上半身

たとえば僕が子どもを迎えに行くと、子どもたちはこちらに走り寄ってくる。僕はひざをつき、腕を大きく広げて彼らを迎える。大好きな人に久しぶりに再会したときも（ひざはつかないが）同じ動作をする。**身体のもっとも弱い部分をさらけ出すことで、「あなたを信頼していますよ、今とても幸せな気分です」というメッセージを送っているのだ。**

上半身には心臓や肺など、命に関わる重要な臓器がつまっている。そして呼吸のしかた（つまり胸郭が上下する動き）を見るだけで、その人が活動的で意欲的か、それとも活力のない状態かを見分けることができるのだ。

■胸郭はまっすぐ、呼吸は大きく深い

呼吸が深いということは、酸素をしっかり取り込めているということだ。つまりその人は集中しており、行動意欲も高い。また、会話中に相手が大きく息を吸い込んだら、それはその人が考えをまとめ終え、何か発言しようとしているサインだ。

■胸郭が狭く、呼吸は浅い

胸郭が狭いと、規則正しく深い腹式呼吸をするのは難しい。すると息が浅くなり、体内にしっかり酸素を送り込めない。そのため、ぼんやりすることが多くなる。結果、活力も下がりやる気がない状態になる。また、声も遠くまで通らず、か細い声になりがちだ。

■長く息を吐く

多くの人は、何か好ましくないことがあると、まず大きく息を吸ってから、すーっと長く吐くしぐさが見られる。不都合な出来事や意見を「吹き消す」しぐさだ。このとき頬を膨らませたり嘆息をもらしたりすると、シグナルはさらに強いものとなる。この場合、このしぐさは無意識に出たものではなく、意図的なサインである可能性が高い。

■呼吸が速い

これは短時間で多くの酸素を取り込もうという動作だ。逃走または攻撃に備えて、身体が準備をしているのである。つまり速い呼吸はストレスや興奮、不安のサインということだ。

呼吸には、その人の思考や感情が表れる。だがその逆に、呼吸を通じて思考に影響を与えることもできるのだ。たとえば息が浅いと、頭がぼんやりし、筋肉がこわばり、身体全体が緊張してしまう。そこで、お腹を使って深く呼吸してみよう。大きく深く呼吸すると、活力がみなぎってくる。胸郭が広くなり、腕が動かしやすくなり、声も大きくなる。すると僕たちは、目に見えてリラックスできるのだ。

ストレスのかかる緊張した場面では、少しだけ目を閉じて呼吸を意識するといい。それだけで心が落ち着き、活力を感じられるはずだ。

上半身全体の動きからは、隠された「心の声」を読み解くことができる。身体の要である上半身について、もう少し見ていこう。

■上半身を守るしぐさ

（腕を組む、本や上着やノートを胸の前に持つ、など）

腕や物で上半身を隠すしぐさは、不安のサインだ。相手はこちらを信用しておらず、緊張して身を守ろうとしている。このしぐさが見られたら、相手を脅かさないよう少し離れたほうがいい。

■胸部を前に傾ける

身を乗り出して距離を縮めるしぐさ。近づくということは、それだけこちらを信頼してくれている証拠だ。だが、この動作はときに距離が近くなりすぎる。すると、テリトリーに侵入された感じがして、支配的で攻撃的な印象になる。

■胸部を横に向ける

上半身を横にひねり、肩を相手に向けるしぐさ。意識して力を入れないと、このように身体をひねることはできない。つまり偶然起こることは少なく、かなり信頼できるシグナルということだ。

相手と距離をとるしぐさであり、多くの場合、拒絶を表している。ただし、突然身体を横にひねったのなら、何かを避けようとした可能性もあるだろう。

■上半身を後ろにそらす

身体を後ろにそらすのは、たいてい相手との距離を広げたいという思いの表れだ。これはしばしば明確な拒絶のサインとなる。ただし、やはり状況次第だ。とても安心できる状況であれば、相手はリラックスして後ろに寄りかかることもある。その場合、これは「心地よい」のサインである。

■上半身をさらしたオープンな姿勢

傷つきやすい上半身をさらけ出している人は、自分に自信があり、安心していて、相手を信頼している。すると相手のほうも、その人を信頼したくなるのだ。

■お腹と胸を突き出す

上半身をオープンにしたうえ、前に突き出して胸を張ることで、よりそれを強調する。豪胆さや優位性をアピールするしぐさだ。尊大で偉そうな印象を与えることが多い。

脚

［立っている場合］

何もないところでただ立っていると、何だか落ち着かないものだ。何かにつかまったり、寄りかかったりしたいと思ってしまう。よく会議などの休憩コーナーにスタンディング・テーブルが置かれているのは、そのためだ。だが**テーブルにつかまったり壁に寄りかかったりせずに自力で立てば、自信にみちた印象を与えることができる。**これは意識して練習すれば、けっして難しいことではない。

ただ、いくつかの誤解しやすいサインに気をつけてほしい。立っているだけでも、僕たちは多くの非言語シグナルを発しているのだ。

■両足をしっかり地面につけて立つ

体重を均等にかけた、安定した姿勢。この姿勢の人は自信があり、オープンである。

■体重をかける脚を、何度も変える

心が落ち着かず不安で、まっすぐ立っていられない状態である。この人は、今感情的にもろくなっている。

■脚を広く開き、骨盤をわずかに前に出す

スペースを広くとり、自分のテリトリーを主張する姿勢。攻撃的な自信を感じさせるとともに、支配的な印象を与える。

■脚を交差させて立つ

この姿勢には二つの相反する意味がある。交差するという行動は自分を守るしぐさだが、一方で無造作でユーモアがあることも示しているのだ。たとえば道化師が転ぶときは、直前にこの立ち方をしている。また、女性の間ではこの姿勢が流行しているようだ。レッドカーペットの上で脚をクロスさせて立つ女優やスターは多い。さらに**デートで相手がこの立ち方をしたら、それは「あなたとのデートが楽しいので、逃げ出したりはしませんよ」というシグナルだ。**脚が交差していては、逃げ出すのは難しいからである。

一般的に、**立つときにどれくらい脚を広げるかで、その人がどれくらい支配的かがわかる。**ただし、話をしていくうちに印象が変わることもあるだろう。

［座っている場合］

相手が座っているときも、じっくり観察してみよう。座面をどう使っているか？ **脚の位置はどうか？ バリアを張っているのか、相手にスペースを許しているのか？**

■椅子の端に、ひざと脚をそろえて座る

椅子の端に座るというのは、あまり快適な座り方ではない。

相手はこの姿勢によって、忙しくてじっくり座っている暇がないこと、または、あなたをあまり信用していないことを伝えている。まれに、話題が変わったときに椅子の前端ににじり出る人もいるが、これは興味が出てきたというサインだ。

■姿勢よく深くゆったりと腰かけ、脚を平行にする

この姿勢には、「自信がある」、「目の前のことに集中している」、「相手の話をよく聞いている」という意味がある。あなたがこう座ると、客観的で自信のある人、という印象を与えることができる。上司との面談などではこの座り方をしよう。

■脚を組む

このポーズは自信のなさの表れか、あるいは心を閉ざしたいというシグナルだ。ただし、単なる癖でこの座り方をしている人も多い。そのため、そのときの状況や身振り、表情などと合わせながら解釈することが大切になる。

■脚を長く伸ばす

一時的にリラックスするしぐさ。たいていは直前に何らかのことがあって、その反応として起こる。少し距離をとって、一息つきたいときの動作である。同時に上半身を大きく後ろにそらすことも多い。

■片方のひざの上に、もう片方の脚を乗せる

とてもネガティブな印象を与える座り方（ひざと足の裏のどちらを相手に向けても、マイナスの印象は変わらない）。相手をブロックする姿勢である。上に置いた脚を両手で引き寄せると、その効果はさらに高まる。

■あぐらをかく

子どもによく見られる座り方

だ。少しの間自分を解放して、一人の世界に入ろうとする姿勢である。

■椅子の上で体育座りをする

胎児と同じポーズであり、傷つきやすく庇護が必要だとわかる。この姿勢をとっている人はこちらを信頼している。だが、しばしば感情面でつらい状況にある。子どもは悲しいときや助けが必要なとき、このポーズをとることが多い。

我が家の子どものうち二人が並んでソファーに座っていると、脚の組み方を見ただけで、仲よくやっているかどうかがすぐわかる。組んだ脚のひざ頭がお互いのほうに突き出ていたら、それは境界線が引かれているサインだ。おそらく、少し前にけんかでもしたのだろう。一方、お互いに足の裏を向け合って、ひざ頭が外に向く形なら、ひと安心だ。僕も遠慮なくソファーに並んで座ることができる。

足

足には、その人の気持ちがとてもよく表れる。自分の手や表情はしっかりコントロールできても、足先にまでは注意がいかないことが多いからだ。また足は、その人が心の中でどこに意識を向けているかも、とても明確に示してくれる。

■両足の裏をしっかり地面につける

文字通り「地に足のついた」現実家タイプである。不安がなく自信にあふれ、体重をしっかりと一点で支えている。だから、立場（＝意見）がぶれないのである。

■足がしっかり地面についておらず、重心移動が多い

この不安定な姿勢は、いつでも逃げ出せることを念頭に置いたものだ。足裏をしっかり地面につけていないので、立場がはっきり定まらず、いつでもすばやく姿勢を変えられる。座っている場合は、つま先しか床についていないことも多い。これは自分を縛りつけて立場を明確にすることへの反感を示している。

■両ひざと両足をつけ、つま先をまっすぐ前に向ける

兵士や子どもが整列するときの立ち方。両足をつける姿勢は従順さを表しているが、ときに卑屈な印象さえ与える。

■かかとに重心を置く

身体の軸がわずかに後ろに傾くため、上半身がのけぞり、相手とのあいだに距離が生じる。つまり、相手は警戒心と不信を抱いているのだ。

■足先に重心を置く

すばやく動くことができる体勢である。フレキシブルだが、どこか落ち着きのない印象を与える。一見わかりにくいが、ほんのわずかにかかとを浮かせて、つま先立ちをしていることが多い。

座っているとき、自信なく神経質な人と思われたくなければ、少なくとも片方の足はつねに床につけておくことだ。また、両足を椅子の脚に絡めるしぐさは絶対に避けたほうがいい。これ

はストレスのサインだ。足を椅子に絡めると、自分からは動けず受け身になってしまう。その場から逃げることもできなくなってしまうのだ。

つま先

■足を平行にし、相手につま先を向ける

これは相手にきちんと「向き合い」、そちらに注意を向けている姿勢だ。興味と、その場にいたいという気持ちを表している。

■片方のつま先を外側に向ける

目の前の相手に一〇〇パーセント集中できていないことを示す。極端なケースでは、両方のつま先がともに相手ではなく出口に向いている。ここから立ち去りたいという本音がはっきり表れているのだ。

■つま先を内側に向ける

この状態では、現在の立ち位置から動くことは難しい。自分で自分をブロックしているからだ。慎重で、なかなか物事を決められないタイプによく見られる姿勢である。

これ以外にも、足にまつわる身体言語をいくつか挙げておこう。

■足を椅子の下に引っ込めて交差させる

相手にスペースを譲るしぐさだ。後ろに退いて、テリトリーを明け渡している。ただし足を交差させることで、その場から逃げ出さないよう自分を戒めているのだ。

■片足を相手に向け、もう片足は後ろに引いてかかとを浮かせる

相手の話を注意深く聞きつつも、話に割り込むタイミングを計っている。

■立っているとき、上下に揺れる

落ち着きがなく退屈していることを示す明らかなサインだ。その場を立ち去りたい、あるいは話題を変えたいと思っている。

■座っているとき、貧乏揺すりをする

リズミカルに足を上下させるのは、自分にとても自信があり、リラックスしているサインだ。ただし、小刻みにせわしなく上下する場合、その人は何かを不快に感じている。その動作はまるで、いつでもすぐ逃げ出せるように足のウォーミングアップをしているかのようだ。

僕の場合、足先だけでなく脚全体が神経質に上下する。これはイライラやストレス、焦り、それに時間的な切迫を示すサインだ。約束の時間に遅れそうなとき、ふと気づくと電車内でこの動作をしていることが多い。それに学校時代には、数学の時間にやはり足を上下に揺すりながら授業を受けていたものだ。

腕

腕はスペースを大きく使う部位だ。すばやく動かすことができ、やる気や積極性を示すことができる。会話では言葉を補う働きもこなす。**腕には、その人の気分や感情がとてもよく表れる。たとえ一言も言葉を交わさなくても、腕だけで明確に会話ができるのだ。**

■腕をオープンに広げる

自信や大らかさを感じさせるしぐさ。こちらを歓迎している。見るものに信頼感を与えると同時に、スペースを大きく使うことで自分のテリトリーを示し、力を誇示する動作でもある。腕の届く範囲ぎりぎりまで、スペースを最大限に活用するしぐさだ。

■腕を縮める

身体を小さくして、腕を身体のすぐ近くで動かす。典型的な守りの姿勢である。自分が小さくなることで、相手に広いスペースを許している。用心深く、控えめな印象。自信のなさや不安を示している。

■胸の前で腕を組む

多くの人にとって、心地よくリラックスできる姿勢である。したがって本来はけっしてネガティブなしぐさではない。しかし、大事なのは他人が受ける印象だ。たいていの人はこの動作から「自分勝手」、「拒絶」、「防衛的」といった印象を抱く。腕を組んでバリアを張り、自分を守る姿勢ととられやすい。そのため、この姿勢はネガティブに受け取られる。

■両腕を頭の上に上げる

喜びを明確に表すしぐさ。いわゆる「勝者のポーズ」であり、「自分はすごい」とか「自分が一番だ」といった思いを示す。まさに典型的なパワーポーズだ！

■腕をゆったりと身体の脇に下げる／テーブルの上に置く（着席時）

リラックスして自然な姿勢。心を開いており、会話に前向きである。

■片腕を隣の椅子の背もたれに置く

気分がよく安心していることを示す。あるいは、その椅子を自分のものだと示してテリトリーを広げるために、あえてやっている可能性もある。

■腕を腰に当てる

自分を大きく見せるしぐさ。「これを言ったらおそらく相手は不愉快な反応をするだろう」という内容を口にするとき、この姿勢をとることが多い。権威と憤慨を示し、「いつでもひじ鉄を食らわせることができるぞ」と伝えている。

謝辞

以下のみなさんに、心から感謝いたします。

僕の妻、クリスティアーネ。君は僕にとって荒波の中に凛《りん》として立つ岩のような存在だ。今でもなお最愛の恋人であり、一番の親友でもある。君はすばらしい魔法使いだ！

マネージャーのズザンネ・ヘルベルト。常に全体を見渡し、僕にはさっぱりわからないあらゆる物事をしかるべく取り仕切ってくれた。本当にありがとう。

バーバラ・ラウクヴィッツ。これまでのすばらしい共同作業と、数々の優れたプロジェクトやアイデア、そして僕に対して寄せてくれた絶大な信頼に、心からの感謝を。僕の中の可能性を最初に見つけてくれたのは君だった。

数々の助言と励ましを与えてくれ、その整然とした頭脳で僕を助けてくれたアンディ・ハルタルト。君がいなければこの本は完成しなかった。もうだめだと思ったそのときに、君が来てくれた。

原稿をチェックしてくれたレギーナ・カルステンゼン。足りない箇所にはいつもぴったりの表現を見つけてくれた。本当にありがとう。

僕の声となり、僕の代行を（本人以上に理想的に）務めてくれたヴァルトラウト・マーデルング。いくつもの電話会議やミーティングを僕の代わりに進めてくれて、ありがとう。君がいなければ、僕はツアー続きの日々に忙殺されていただろう。

すばらしいPR活動に加え、数々のインタビューを手配してくれたハイコ・ノイマンとエリザ・クロンフォートにも、心からの感謝を。

そのすばらしいアートでいつも僕を感動させてくれるデザイナーのエニ・ペルナー。僕の公式写真には君の「筆跡」が刻まれている。とても素敵な筆跡だ。

みごとなリサーチを行ってくれたヨアヒム・レッツバッハ。その綿密な調査と探索がなければ、この本はもっと中身の薄いものとなっていただろう。常に親身に話を聞いてくれ、たくさんの示唆を与えてくれたことに感謝したい。

一風変わった質問（ドイツ語の本の中では、僕がパントマイム形式で回答させてもらった）を考案してくれたアレクサンドロス・ステファニディス。君をこのプロジェクトに迎えられたこと、そして君に喜んでもらえたことを、とてもうれしく思っている。

もう何年にもわたって僕の写真を撮ってくれているトルステン・ヴルフ。僕が多少賢そうな顔をした瞬間をねらってシャッターを切ってくれる。たくさんのすばらしいポートレートと、この本のすべての写真は彼の手によるものだ。本当にありがとう。あ、それから「カリフォルニケーション」のサウンドトラックと「ボードウォーク・エンパイア」の第二シーズンについても、ありがとう。

ゲオルク・ヴェーレ（ボカ！）。君は最高のツアースタッフだ。

シュテファン・エラーホルスト（ヤオへ！）。舞台監督であり、コーチであり、アイデア創造人であり——だが、僕にとって君は今やそれ以上の存在だ。僕らは真の友（そしてヤオへ友）となれた。

エリク・アイゼンハルト（スチール弦ギタリスト）、サトリ、討議グループの面々、ミハエル・バイデンエダー、フランク・ザルツマン、ベルント・マイヤー、ミチ・ルーエ、オリ・ハース、ゾーニャ・ツィートロウ、フローリ・ベーア（「ならずもの」という言葉の発明者だ）、トビアス・ゲルラッハ、アーニャ・ツァンダー、サンマーク出版のみなさま（特に武田伊智朗さんと桑島暁子さん）、通訳の岡本美枝さん、ア・エスフェラ・ドス・リブロス出版社、ハンク・ムーディー、ダレン・ブラウン、ミニオンたち、ヴォフガング・ニーデッケン、トミー・

カウセン、ロックバンド「トリガーフィンガー」の二〇一四年五月十三日のコンサート、クリスティアーネ・ヒュッテと彼女のホテル「ヴィラ・オレンジ」（それに、その向かいの小さなイタリア料理店）、サラ・カミセク、ヘレナ・シュレーダー、そしてヘルベルト・マネジメント社のチームのみなさん。みんな最高だ。それにもちろん、僕のショーに来てくださる観客のみなさん、この本を読んでくださった読者のみなさんに、心からの感謝を。みなさんの存在なくしては、ショーも本もCDもDVDも成立しない。本当にありがとうございます。

参考文献

Bartens, Werner: *Was Paare zusammenhält.* München 2013

Cassidy, Bob: *The Artful Mentalism of Bob Cassidy.* Humble 2004

ピーター・コレット、『うなずく人ほど、うわの空――しぐさで本音があばかれる』（古川奈々子訳、ソニー・マガジンズ、２００４年）

デイヴィッド・イーグルマン、『意識は傍観者である――脳の知られざる営み』（大田直子訳、早川書房、２０１２年）

ジュリアス・ファスト、『ボディー・ランゲージ』（石川弘義訳、知的生き方文庫、１９８５年）

マルコム・グラッドウェル、『天才！　成功する人々の法則』（勝間和代訳、講談社、２００９年）

James, Tad, und David Shephard: *Die Magie gekonnter Präsentation.* Paderborn 2002［＊英語原著］

King, Serge Kahili: *Der Stadt-Schamane.* Stuttgart/Berlin 1991

パスカル・メルシエ、『リスボンへの夜行列車』（浅井晶子訳、早川書房、２０１２年）

レナード・ムロディナウ、『しらずしらず――あなたの9割を支配する「無意識」を科学する』（水谷淳訳、

ダイヤモンド社、２０１３年）
Molcho, Samy: *Körpersprache*. München 1983
Molcho, Samy: *Alles über Körpersprache*. München 2001
Molcho, Samy: Körpersprache der Kinder. München 2005
Molcho, Samy: *Umarme mich, aber rühr mich nicht an*. München 2009
Navarro, Joe: *Menschen lesen. Ein FBI-Agent erklärt, wie man Körpersprache entschlüsselt*. München 2010〔＊英語原著〕
Penn and Teller: *Penn and Teller's How to Play in Traffic*. New York 1997
Ready, Romilla, und Kate Burton: *Neuro-Linguistisches Programmieren für Dummies*. Weinheim 2005〔＊英語原著〕
Wiseman, Richard: *Machen, nicht denken! Die radikal einfache Idee, die Ihr Leben verändert*. Frankfurt am Main 2013〔＊英語原著〕

Author: Thorsten Havener
Title: OHNE WORTE. WAS ANDERE ÜBER DICH DENKEN

Photographs by Thorsten Wulff
Published by arrangement with Meike Marx Literary Agency, Japan

【著者】

トルステン・ハーフェナー(Thorsten Havener)

1972年、ドイツ・ザールブリュッケン生まれ。ザールブリュッケン大学およびカリフォルニア州モントレーの大学で翻訳と通訳を学び、英語とフランス語の通訳の資格を取得する。卒業後、身体言語を読み解くことで人の思考や感情を解釈する能力を磨く。現在は、マインド・リーダーとしてステージショーを行うほか、講演会やセミナーを開催し、テレビやラジオにも多数出演して、絶大な人気を博している。家族とともにミュンヘン近郊で暮らす。著書に、ベストセラーとなった『心を上手に透視する方法』、『心を上手に操作する方法』、共著に『青い象のことだけは考えないで!』(すべて小社)がある。

【訳者】

柴田さとみ(しばた・さとみ)

翻訳家。東京外国語大学外国語学部欧米第一課程卒業。ドイツ語と英語の翻訳を手がける。主な訳書に『すべては心理学で解決できる』(小社)、『母さん　もう一度会えるまで——あるドイツ少年兵の記録』(毎日新聞社)、『ディズニー・ワールドで私が学んだ10のルール』(実務教育出版)などがある。

とっさのしぐさで本音を見抜く

2015年9月10日　初版発行
2015年10月20日　第4刷発行

著　　者　トルステン・ハーフェナー
訳　　者　柴田さとみ
発 行 人　植木宣隆
発 行 所　株式会社サンマーク出版
〒169-0075 東京都新宿区高田馬場2-16-11
電話　03-5272-3166
印　　刷　株式会社暁印刷
製　　本　株式会社若林製本工場

定価はカバー、帯に表示してあります。落丁、乱丁本はお取り替えいたします。
ISBN978-4-7631-3468-4 C0030
ホームページ　http://www.sunmark.co.jp
携帯サイト　http://www.sunmark.jp